初めての
マルクス、エンゲルス

社会と生き方にせまる古典

Yamada takao
山田敬男

新日本出版社

目次

はじめに

内外ともに激動の時代を迎えている。予期しない複雑な事態に遭遇し、一喜一憂することもしばしばである。こういう時代であるからこそ、表面的なできごとに振り回されず、歴史の本質的な流れをしっかりと把握し、時代の課題に正面から立ち向かっていくことが求められている。そのためには、ものごとを根本から考える「力」を身につけなければならない。

科学的社会主義の古典を学ぶ意味もそこにある。科学的社会主義の創始者であるマルクス、エンゲルスの考え方が、いま立場を超えて注目されている。資本主義の限界が指摘され、時代の根本的変革が問題にされている二一世紀のいま、彼らの考え方が再評価されている。もちろん、一九世紀を生きた時代的な制約と限界を理解しながら、時代を超えて生きる彼らの考え方が議論されている。

マルクスとエンゲルが打ち立てた科学的社会主義の学説の魅力は、閉鎖的で硬直した学説でなく、人類の知的財産といえる諸潮流と内在的に格闘し、その成果を発展させた「開かれた創造的な理論」であり、変革の理論にあるといえる。たとえば、哲学では、ヘーゲルの弁証法やフォイエルバッハの唯物論などを、継承し変革しながら弁証法的唯物論・唯物史観を確立する。経済学では、それまでの「最高の達成点」とされるイギリスの古典派経済学（リカードやスミスなど）の労働価値説を発展させ、剰余価値論を仕上げている。社会主義論では、フランスのサン＝シモン、シャルル・フーリエ、イギリスのロバート・オーエンらの空想的社会主義を乗り越えている。

マルクスとエンゲルスは、複雑な現実とのたたかいのなかで、不断の努力で自己検討をおこない、自らの考え方の発展を追求した。そこには完成された「終着駅」など想定していない。私たちも、彼らの言説を絶対化して丸暗記することでなく、彼らの真理を究明しようとする「科学の目」と、困難な現実を根本から打開しようとする「変革の精神」を学ばなければならない。

本書は、初めてマルクスやエンゲルスを学ぶ人を念頭に置いた「古典へのいざない」である。「入門の入門」ともいえる。全体が三章から構成され、第一章では、科学的社会主義を学ぶのは、いまを生き抜く人間的「力」を身につけることにあると強調している。第二章では、彼らが一九世紀のヨーロッパと世界を変革するために試みた理論的・思想的営みを歴史的に大づかみに説明している。第三章では、それを受けて彼らの主な作品を紹介している。第二章と第三章を関連づけてお読みいただきたい。

第三章の古典は「しんぶん赤旗」で、二〇一九年三月三日から、二〇二四年三月三一日まで、第五日曜日に「古典の扉」として連載したものに若干の手を入れたものである。ぜひ出版をという読者の要望にこういう形で応えることができて大変うれしく思う。なお、第二章は、雑誌『経済』二〇二二年五月号に掲載されたものに手を入れた論考である。第一章は、雑誌『学習の友』や勤労者通信大学の通信などに掲載されたものを整理したものである。

本書が、社会と生き方を追求するために、科学的社会主義の古典に挑戦する方の少しでもお役に立てれば、こんなにうれしいことはない。

二〇二五年三月

山田敬男

第1章　生きる力としての科学的社会主義

――危機の時代を生き抜くために

1　「自己責任論」の克服——集団的関係を取り戻すために

生きづらさを強いる「自己責任論」

思うように生きられないのは自分が悪いからで、他人や社会を責めてもしかたがない、と思わされていないであろうか。我慢しないでいやなことはちゃんと声をあげるべきといわれると、そんなことをすれば、周りから白い目でみられ、排除されるという不安をもっていないであろうか。長くつづいた新自由主義のなかで、孤立したバラバラの状態に置かれ、苦しさを感じても、それを自分が悪いと思い込み、「助けて」と社会的に発信しにくくなっている。それは「自己責任論」の威力であり、その中で社会性を奪われてきた。

そして、新型コロナウイルスの感染爆発のなかで、当時の安倍晋三・菅義偉《すがよしひで》内閣は、原則「自宅療養」という方針をきめ、感染した市民が入院できず死亡する悲惨な事態が生まれた。あのできごとは筆者には「自己責任論」が国民の〝いのち〟を奪ったと見えた。この頃から、多くの国民が「自己責任論」に疑問を持ち始めた。また、コロナ危機のなかで学びの機会が奪われ、生活が行き詰まるという現実に直面して、若者の政治意識にも変化の兆しがみられている。生活が成り立たなくなった学生や青年たちへの食料支援の運動が起こり、社会や政治にかんする対話が広範に生まれ、新たに運動に参加する青年たちが生まれている。

重要なことは、生きづらさの原因が自分ではなく、いまの社会の構造に問題があることを知ることではないだろうか。社会と自分たちがどうつながっているかを明らかにし、矛盾だらけの社会をどう変えられるか、そして、社会のなかでどう生きるかの議論を深める時がきているのではないか。

「無縁社会」という究極の孤独

いま、日本の多くの労働者は、不安と孤独のなかで生きることを余儀なくされている。一九九〇年代から本格化した新自由主義的「改革」によって、日本社会が大きく変貌した。とくに職場社会の変貌はすさまじく、競争と効率性が最優先され、それに合わない労働者は「負け組」として退けられ、その責任はすべて労働者本人にあると決めつけられた。深刻なのは、こうした人権侵害の攻撃を、「自己責任論」を内面化することで、自分に問題があるので仕方がないと受け入れてしまう傾向が労働者のなかで強くなっていることだ。こうしたイデオロギー（政治的、文化的、哲学的などの体系化された社会意識の諸形態）攻撃が浸透すると、職場の労働者同士の集団的関係が弱まり、問題が起きても誰にも相談できず、諦めるしかなくなってしまう。労働者の集団的関係の空洞化とそれにもとづく孤独と不安の気持ちは、二一世紀の今日においてもますます強くなっている。

二〇一〇年一月末に放送されたNHKスペシャル「無縁社会」は衝撃的であった。大手鉄鋼メーカーで働く四七歳の労働者の話が紹介されている。彼は心筋梗塞の診断で休職し、二年間傷病手当の支給を受けるが、期間満了の一か月前に会社から解雇通告を突きつけられる。彼は、社宅で生活をしており、解雇により仕事だけではなく、生活の場も奪われることになる。車の中で生活しながら、ハローワークに通うけれども仕事が見つからない。誰にも相談できず、疲れはて、ホームレスか、自殺を選ぶかにまで追い詰められ、自殺の道を選び、有名な富士のふもとの青木ヶ原の樹海に入るが、死ねずに助けられた。

衝撃だったのは、その時の彼の心境である。彼は、「社会の邪魔者なら、せめて地球の役にたちたい。樹海なら誰にも見つからず、樹木の肥やしになれるから」と語っている。

職場の仲間との「縁」が途切れ、地域や社会との交流もなく、一気に死を選ぶ「究極の孤独」に陥っていた。放送では、社会のあらゆる領域で人間関係が壊され、「無縁社会」に突入していると強調されていた。二〇二〇年代の今日においてもこの傾向は依然として深刻になっている。

二〇二四年の東京都知事選と「石丸現象」

新自由主義的「改革」は、このように日本社会を歪め、多くの勤労市民から、とりわけ青年たちから生きること、働くことの〝夢と希望〟を奪っている。多くの勤労市民や青年たちは生きがい、働きがいを奪われ、なぜこうなるかの原因もわからず不安といらだちのなかで出口を求めて悩んでいる。

ここで見なければならないのは、彼・彼女らには諦めの気持ちが強いにもかかわらず、諦めからなんとか抜け出したいという「改革願望」と一体になっていることだ。大事なことは、悩みを受けとめ、励ましながら、彼・彼女らの持つ「改革願望」にどう応えるかである。

ところがいま、新自由主義の立場に立つポピュリスト（大衆の一面的な欲望に迎合し、大衆を操作することによって、既成政党とエリート層を批判し、みずからの主張の実現をめざす活動の担い手）たちがこの「改革願望」に働きかけ、多くの青年たちを組織しようとしている。これまでも、小泉純一郎氏や橋下徹氏のようなポピュリストが「改革願望」実現のヒーローのようにふるまってきたが、社会的不安やいらだちがより深刻になるなかで、新たなポピュリストたちが登場している。それも青年たちのなかで日常化しているSNSをフルに活用しながら、彼らの救世主であるかのような役割を演じている。軽視できないのは、青年たちに彼らが「改革者」であるかのような幻想を持たせ、実は日本国憲法の下で社会的常識とされてきた「リベラル・民主主義」の破壊に動員される危険性が生まれていることである。

その点で、二〇二四年七月におこなわれた東京都知事選も注目された。立候補した広島県安芸高田市の前市長の石丸伸二氏が約一六五万票を獲得して、当選した小池百合子氏に次ぐ二位になった。「市民と野党の共闘」から立候補した蓮舫氏は約一二八万票で第三位であった。それまで無名であった石丸氏が、野党共闘の蓮舫氏を抜いたのである。朝日新聞の出口調査によると、無党派層の三六パーセントが石丸氏を支持、小池氏を上回った（三二パーセント）。そして蓮舫氏を倍以上引き離している（一六パーセント）。年代別に見ると、石丸氏は、二〇代以下の支持が四割を超え、三〇代でも小池氏を上回っていた。

なぜ若者や無党派層のなかで石丸氏の支持が広がったのか。彼は街頭演説も短く、ほとんど自らの政策を語らなかった。その点で、石丸氏の選挙対策本部事務局長を務めた藤川晋之助氏が選挙中の石丸氏の特徴は「細かい政策をまったく言わないことだった」と語っている。石丸氏は、「長い時間演説し、政策を主張したって、今までの政治家は政策や公約を守ったことあるのか」と既成政党への批判によって正当化している。それを藤川氏は「本来なら政策で勝負するけれど、政策で勝負しても全然意味がない。今までの有権者、政界の人たち、マスコミも含めてそういう政治のムードを作ってきてしまった。そこを直感的に理解した石丸氏だからこそ、ユーチューバーとして無党派層にアプローチするという本領を発揮できた選挙だった」と語っている。

確かにこれまでの選挙をみると、政権与党や一部の野党は国民が望むような政策論争をおこなわず、政策項目をならべるだけで、自ら発表した政策に責任をとらないことが一般的であった。だから多くの有権者に、とくに若者のなかに、政治不信、既成政党への不信が強くあり、石丸氏はそこを突いて、彼らの支持を獲得したのである。藤川氏は、石丸氏が政策を語らず、「『小さな問題はどうでもいいんだ』といって『政治を正すんだ』という話をずっとやり続けた。それでも来る人の8、9割は『すごい』と言って帰って」いったと述べている。さらに、「たいして演説はうまくないし、政治の現場を知る人たちからは『中身がない』と批判ばっかりだった。だが、彼はそれを含めてわかって」やっていたと語っている（以上、朝日新聞二〇二四年七月一三日付）。なぜなら、石丸氏は、既成政党や政治に強い不信を抱く無党派層や青年たちを対象に、既成政党への批判を強め、「既得権益」批判のヒーローを演じる必要があったからである。そして「詳しくはネットを見て」と彼らをSNSに誘導する。

石丸氏の演説は一五〜二〇分と短いのであるが、この演説の様子が新たな「切り抜き動画」として支持者らによって、SNSで拡散される。政策を語らず、「政治を正す」と抽象的な発言を繰り返しながら、既成政党に挑戦するヒーローとして多くの青年たちの支持を獲得することになった。

職場社会の変貌と集団的関係の破壊

青年たちはなぜ石丸氏に引きつけられたのか。いまの青年たちが抱えている問題はどこにあるのだろうか。

いまの二〇～三〇代の人たちは、新自由主義のなかで生まれ、人格形成してきた。新自由主義が浸透し、あたりまえとされる社会で育っている。新自由主義は、福祉切り捨てや民営化などを最優先し、市場経済を万能とするイデオロギーであり、政策である。この具体化として、一九九五年の日経連の総会で『新時代の「日本的経営」』が採択され、日本の雇用政策が大きく転換し、職場社会のあり方が変貌する。一方で、成果主義的労使関係が導入され、仕事の成果、企業への貢献などが重視され、従来にない競争によって、労働者が分断され、長時間過密労働が深刻になる。同時に、専門職から一般職まで非正規雇用労働者が急増し、職場における自由と権利が空洞化された。いま、雇用労働者のおよそ四割が非正規労働者になっている。財界・大企業は激しい国際競争のなかで生き残るために、労働者を分断し、低コスト体制の構築をめざしたのである。

こうした職場社会の変化のなかで、多くの労働者は仕事と生活のゆとりを失い、職場の仲間とのつきあいが弱くなり、労働者の集団的関係が形骸化している。重要なことは、そのなかで不平等や差別、不正など理不尽なことはダメという「まともな人間関係」が壊されていったことである。〝まとも〟なことが軽視され、きれいごとはダメという雰囲気が広がっていった。このような職場社会や人間関係の変化を正当化したのが「自己責任論」

であった。思うように働き、生活できないのは自分の努力と能力の不足が原因であり、企業や社会を責めてもしかたがないと思わされる。なにか「苦しさ」を感じてもそれを自分の内側に封じ込めてしまい、「助けて」とそれを外に＝社会に発信しにくくされていったのである。「自己責任論」が内面化されると、人間関係が希薄になり、仲間の問題に関心を持ちにくくなる。自分のことに精一杯で、社会や政治などに関心を持ちにくくなっている。その意味でいまの日本社会は「自己責任」社会になっている。

その影響もあり、青年のなかには、選挙公約としての格差是正や少子化対策などに関心を持てない人たちがいる。福祉の充実や所得再分配などは自分たち青年の負担増になるという偏見が植え付けられ、なぜ高齢者や障害者らの「既得権益」に税金を使うのかという疑問を持つ青年たちもいる。そうしたときに「既得権益」への「挑戦者」として〝かっこよく〟登場したのが石丸氏であった。石丸氏は政策を語らず、「政治を正す」と「既得権益」への挑戦者のように振る舞い、それが青年たちの感覚にフィットしたともいえる。自分たちのなじみのあるネットを通じて応援すれば、「自己実現」にもなると思わされるのである。その結果、多くの選挙ボランティアが組織された。選挙ポスターを貼るためにボランティアを募ると三日間で二〇〇〇人近くの青年が集まったという。

青年の中の二つの傾向のせめぎあい

こうした状況をどう見たらよいのか。青年を一面的に見ないことである。重要なことは、「自己責任論」の影響で孤立と不安を強め、歪められた情報によってポピュリズムの影響を受けやすくなっている傾向と「自己責任論」から抜けだし、民主主義と社会正義の側に立とうとしている新しい動向とのせめぎあいを見ることである。新しい青年の動向は、食料支援活動や気候危機克服の運動に参加し、そこから社会や政治に関心を持つ青年たちがこれまでになく増えていることに示されている。

このせめぎあいのなかで、多くの青年たちの幅広い連帯をつくるには、何が課題なのか。大事なことは、青年たちの集団的関係を取り戻すことにある。職場、地域、学園などあらゆる領域で、集団的関係が形骸化され、青年たちの自由な対話と付き合いが奪われている。そのことに若者自身がもやもやとしている場合も少なくないだろう。

そうであるがゆえに、なんでも自由に話せる「居場所」を求める気持ちは強い。職場や地域、学園に、気軽に集まり、自由に話ができる「場」、特別に用がなくても集まり気軽に交流できる「場」の組織が必要になっている。この「居場所」のなかで自由な対話と交流を組織し、奪われている「まともな人間関係」を取り戻すきっかけが生まれるのではないか。「まともな人間関係」とはなにか。それは世界観に直接関係なく、差別やいじめ、不正や暴力など理不尽なことはダメというあたりまえの人間関係である。失われつつある人間関係の「まともさ」を取り戻さなければならない。

この「まともな人間関係」がなければ、不当な攻撃への人間的な怒りが仲間のなかからわいてこない。人間の「まともさ」を多くの仲間のなかに取り戻さなければ、理不尽さとたたかう運動への社会的共感も生まれてこない。怒りと共感こそが社会運動や組合運動の「大衆的」な発展の原動力である。それでは、分断された集団的関係や「まともな人間関係」を取り戻すには、どのような努力が求められているであろうか。

「矛盾の構造」という複眼的な視点

仲間との信頼関係は、丸ごと相手を受け入れることが出発点である。安心して何でも言える関係をつくるには、相手の気持ち、悩みに寄り添うために必要な「聞く力」を豊かにする努力が大事になる。そのためには、仲間を見る「複眼的な視点」が問われる。「自己責任」社会のなかで、多くの青年は悩み、出口を求め、揺れ動いている。その出口が見つからず不安意識が強くなっている。だからこそ、思い込みで相手を決めつけないで、まず相手の気持ちを丸ごと受けとめ、理解しなければならない。

その複眼的な視点は、仲間の気持ちを「矛盾の構造」として理解することである。それは科学的社会主義の立場でいえば、弁証法的矛盾という視点で仲間の〝心〟を受けとめることでもある。多くの仲間は、社会や人間にかんして、自分についても、一方では、「どうせ」こんなものという半ばあきらめの気持ちを持たざるを得なくなっている。たとえば、「世の中なんて同じことのくり返し。変わりはしない、どうせ世の中などこんなもの」というぼやきである。また、「人間を信じろ？　人間は平等？　そんなのは幻想。能力のあるものが競争に勝ち、ないものが負けるのはあたりまえ。負けたものが不平不満を言ってもどうにもならない」「最後はやっぱり自分だし、大切なのはお金さ」という思い込みである。「まともさ」に対する半ばあきらめの気持ちといえる。現実には、さまざまな表れ方をするが、この点をリアルにみることが必要である。

ところが、人間というのはおもしろいもので、そうであればあるほど、逆にこだわりの気持ちが出てくる。「世の中は簡単に変わらないかもしれないけど、地道に誠実に努力している人が少しでも報われる世の中であってほしい」「競争に勝てるのは会社に忠実な一握りのエリートだけ。最初から多くの仲間は負けることになっており、頑張れば頑張るほど、自分に自信をもてなくなるだけ」「お金も大事だけど、お金では買えない何か大切なものがあるのでは」などという気持ちである。生きること、人間らしさへのこだわりである。

このように、一方における半ばあきらめの気持ちと他方におけるこだわりの気持ち、この相反している二つの気持ちが一人の青年の心の中で、出口を求めてせめぎ合い、ぶつかり合っている。つまり、多くの仲間はその出口が見つからなくてモヤモヤし、いらだち、不安な気持ちを持たざるを得なくなっている。このように、仲間を一面的に決めつけないで、矛盾した〝心の構造〟を丸ごと、全体として受けとめ、理解することが集団的関係を取り戻す出発点といえよう。

連帯の三条件

こうした「矛盾の構造」ともいえる葛藤を抱え、不安な気持ちを抱えている仲間にどのように対応したらよいのか。「対話力」がためされることになる。単なるお説教や自慢話でなく、相手の立場に立って考えたらどのような可能性があるかを一緒に考え、最後の選択は本人の決断に任せなければならない。こうした仲間との信頼関係をつくる努力の積み重ねによって、「まともな人間関係」の回復の可能性が生まれてくる。その努力を、筆者は「連帯の三条件」と説明している。

第一の条件は、相手の立場に立ち相手の気持ちを理解する努力である。彼、彼女がどうしてそんなことを言うのか、そんな行動をとるのかを、いったん相手の立場に立って考えてみることである。

これは相手に妥協をする、合わせるということではなく、そこから議論が始まるのである。その姿勢が相手に伝わると、相手との信頼関係が生まれる。ただそう言うと、「自分のことで精一杯。相手の気持ちの立場に立つ余裕はない」という意見が必ず出てくる。だけどそこが勝負だといえる。人間の本当の優しさは相手の立場に立つ努力のなかで、自分のものになる。だから相手の立場に立つ努力というのは、相手のためであると同時に、自分のためにも必要なのである。

またこういう意見もある。「それはきれいごとだ。同じ運動や組織の中にも、苦手な人や嫌いな人がいる。その人の立場に立てといわれても気持ちが許さない」。これもそれなりに理解できる。だけどこれを乗りこえなかったら、分断を克服し、本当の信頼関係をつくることはできない。

その点で、筆者には学校現場で教育実践の苦労をされている良心的な教師集団の経験が参考になった。たとえば小学校の担任になると四〇人ぐらいの子どもがいる。教師も人間であり、子どものなかには苦手な子や嫌いな子どももいるという。そしてその気持ちをそのまま放置してしまうと、いつの間にか差別になってしまうらしい。いま感じている自分のそうした気持ちをすぐになくすことはできない。だから最初は義務感でいいから自分の気持ちを抑えて、角度を変えて、視点をずらして子どもを見る努力が重要になる。たとえば「ぐずでのろま」な子がいたとする。苦手だと思ったら、その気持ちを抑えて角度を変えて見ると、その子がものごとを、じっくり時間をかけて考える性格を持っていることが見えてくる。また、「でしゃばり」の子がいる。嫌いだと思ったら、角度を変えてみると正義感が強くて、おっちょこちょいの性格が見えてくる。このような努力を、最初は義務感でいいから積み重ねていくと、やがて自然に人間というのは多様なものさしで見ないといけないという気持ちになってくるそうである。こうした努力は大人同士の関係でも大切である。

第二の条件は、自己主張できる人間関係をつくる努力である。お互いになにを考えているのかわからないと気持ちが悪いので、率直に言いあえる関係が重要になる。「疲れているのはわかるけど、みんながんばっているのだからそんなことをすべきじゃない」とか「私ならこうするよ」などと率直に言いあえる関係である。ただこれは第一の「相手の立場に立って考える」努力と結びつけないと独善的なお説教になってしまう。

労働組合などに行って若い人たちと交流すると、よく嫌いな先輩、好きな先輩という話になる。筆者の経験では嫌いな先輩には二つのタイプがある。一つは、自慢話とお説教しかしない先輩。もう一つのタイプは、「おれはおまえらのことがわかるんだ」とべたべたくっついて離れない先輩である。そうなると好きな先輩はその逆になる。自分たちの話をじっくり聞いてくれる。そして、必要な時には、たとえ自分たちから一時的に嫌われても筋を通してくれる先輩、きちんと意見を述べてくれる先輩、そういう先輩がやはり信頼できるという。相手の立場に立ちながら、率直に言い合える関係が先輩、後輩の「まともな人間関係」を取り戻すうえでも、きわめて大切になっている。

第三の条件は徹底した討論と民主的な合意づくりである。「なぜ？」という発想が大切になる。何か方向を決めるとき、「これをやることがなぜ自分たちに関係があるのか」がはっきりしないと、本当の合意にならない。シャンシャンではなんの意味もない。よく

「わかるけど動けない」という人がいる。これは、自分がわかっていると誤解しているだけで、中途半端にしかわかっていないのである。「なぜ？」という発想を重視した徹底した討論と合意が必要なのだ。

合意形成のために自由な議論が保障され、少数意見が尊重されなければならない。たとえ少数意見でも、そのなかにまともなことが少しでも含まれているときは、多数意見はそのことを受けとめ、自分たちの意見を修正し、より豊かな合意を図る寛容さが大切になる。この意味で合意形成のプロセスでの真の民主主義が問われている。

豊かな理解のために科学的社会主義の見方・考え方を

これまで述べてきたように、形骸化されつつある集団的関係や失われつつある「まともな人間関係」を取り戻すには、仲間の生活や気持ちをどれだけ深く理解できるかが〝カギ〟になっている。相手の立場に立っていろいろな側面から仲間を理解し、仲間の気持ちを「矛盾の構造」として受けとめることができるかである。相手の生活や気持ちをいろいろな側面から理解するのは唯物論の立場であり、「矛盾の構造」として相手の気持ちを受けとめるのが弁証法の立場である。この意味で、科学的社会主義の立場に立つものの見方、考え方＝弁証法的唯物論を深めることによって、集団的関係の前提ともいえる人間＝仲間の豊かな理解が可能になる。

２　いま科学的社会主義を学ぶ意味

科学としての社会主義理論

あらためて、自分と社会の関係をより深く考えてみたい、学習してみたいと思う方にぜひ学んでいただきたいのが科学的社会主義の基礎理論である。科学的社会主義の理論は、一九世紀に活躍した思想家であり革命家であるカール・マルクスとフリードリヒ・エンゲルスによってつくりあげられたものである。彼らは資本主義の根本的矛盾を明らかにし、労働者と人間の解放をめざす展望を理論化した。資本主義の搾取を一掃し、人間の自由と平等をめざして社会主義・共産主義の未来を展望した。彼らによる唯物史観と剰余価値学説の「二大発見」によって、それ以前のフランスのサン＝シモン、フーリエ、イギリスのロバート・オーエンらの空想的社会主義を乗り越え、科学に立脚した社会主義＝科学的社会主義が創設された。人類の知的財産ともいえる理論や思想と格闘し、発展させた科学としての社会主義の理論であった。

やや古い話になるが一九九九年、イギリスの公共放送ＢＢＣが国内外の視聴者を対象とするアンケート調査をおこなった。それは「過去千年間で、もっとも偉大な思想家は誰だと思うか」という調査であったが、一位が、二位に圧倒的な大差をつけてマルクスであった。二位はアインシュタイン、三位がニュートン、四位がダーウィンである。二～四位が自然科学者で、社会科学者はマルクスだけであった。多くの人から、「偉大な思想家」と評価されていることがわかる。マルクスは一九世紀の人であるが、時代を超える、たいへん魅力的な思想家といえる。

学ぶことがおもしろい、楽しい

いま、日本の政治と社会の変革にとって、科学的社会主義の基礎理論の学習がきわめて重要になっていると筆者は思っている。日本には、戦後七〇年以上の歴史を持つ労働者教育協会（労教協。一九五二年創立）が存在している。労教協は「広範な労働者と人民大衆の階級的自覚の形成と発展、その理論的思想的水準の向上に寄与するために、科学的社会主義の立場に立って、哲学、経済学、労働運動をはじめ、人民運動についての基礎的理論、内外の政治・経済情勢の特徴などを教育・普及することを目的」（会則三条）とし、月刊雑誌『学習の友』を発行し、通信制の勤労者通信大学（勤通大）を毎年開校している。また多くの地域で、労教協と協力・共同の関係にある地域の学習組織主催の労働学校が開催されている。民主主義と人権を媒介にした労働者や勤労市民の「階級的自覚の形成と発展」のために総合的な学習教育運動によって、労働運動と統一戦線運動の発展に寄与する努力が追求されている。

この運動に参加した読者や受講生の感想を見ると、科学的社会主義の基礎理論の学習がいまほど求められていることはないと実感させられる。そのいくつかの特徴を整理してみよう。

第一は、いままで気づかなかった社会の矛盾を理解できたことの感動である。勤通大を受講した埼玉のある女性は、高校時代の現代社会で教えられなかった不況や恐慌の原因を学ぶことができたことを喜び、「資本主義の社会に生きながらも、〝資本主義〟というものがどういう社会なのかということを知らなかった自分に気づかされ、反省する」とともに、今後の仕事や生活に生かしていきたいと述べている。

第二に、仲間と交流しながら、本当の人間的な生き方の模索と結びついた学習の「楽しさ」を実感していることである。岡山県の労働学校に学んだ女性が「『自分がどう生きたいのか』を考えることと結びついた、哲学や経済学の学び。今期のような自分史講義。勉強と言えば、受験のため、競争のため、だった私を『学ぶって楽しい！』と思う人に変えてくれました」と語っている。

第三に、真実を知ったとき、人間は行動に立ち上がる勇気を発揮する。広島の労働学校で学んだ女性が「チラシ配りや署名集めとか、もともと苦手だった」と述べ、「一生そんなときはこないと思ってた」が、「学びが活動につながるようになり、どんどんおもしろくなっていった」と述べている。

それでは、なぜ科学的社会主義の基礎理論が多くの労働者の心を揺さぶっているのか。それは、科学的社会主義の真髄が「科学の目」と「変革の精神」にあるからである。科学的社会主義は宗教ではない。マルクスとエンゲルスは、現実と格闘しながら、問題の本質を深く究明し、問題解決の方向を明らかにするという態度を一貫してとってきた。そこには、真理にこだわり、真理を究明しようという「科学の目」とどんな困難があっても現実を打開しようとする「変革の精神」が満ちあふれている。
科学的社会主義の理論は、社会を人類史のなかに位置づけ、経済を土台にしながら、政治、思想・文化などを統一的に関連づけて社会の構造を説明している。それぞれの個別の領域を説明する諸科学があっても社会の構造を歴史的に総合的に説明できるのは科学的社会主義の理論以外にない。そこにこの理論の魅力がある。

さらに重要なことは、日本における科学的社会主義の理論が「開かれた創造的な理論」として発展していることである。この点で、この間の日本共産党の探求の成果に注目する。それは、発達した資本主義国における変革のあり方の探求である。この探求は、一九六〇年代のソ連・中国の覇権主義との闘争から出発し、本格的には七〇年代から今日まで続けられてきた。そのために避けて通ることができなかったのが、根本的なスターリン批判とレーニンの理論の再検討であり、マルクスとエンゲルスの理論の再発見でもあった。いわゆる従来型の「マルクス・レーニン主義」の〝体系〟の根本的な克服の努力ともいえた。この点で、不破哲三氏の『レーニンと資本論』（全七巻、一九九八〜二〇〇一年）と『スターリン秘史』（全六巻、二〇一四〜一六年）の研究が注目される（ともに新日本出版社から刊行）。

重要なことは、個々の問題の転換だけでなく、全体としてどのような研究と解明がおこなわれ、どのように発展してきたかを理解することにある。この全体像を理解することによって、「開かれた創造的な理論」としての科学的社会主義の魅力とそれを学ぶことの〝おもしろさ〟をよりいっそう深く受け止めることが可能になるに違いない。

「階級の論理」と「人間の論理」を統一して

マルクス、エンゲルスは、一九世紀の人である。二一世紀に生きる私たちにとって、彼らの理論や思想を学ぶことにどのような意味があるのだろうか。大切なことは、古典ともいうべきマルクス、エンゲルスの個々の言説を絶対化するのではなく、二一世紀の現代社会を変革し、人間らしく生きるうえで、彼らの理論からなにを学ぶべきかを考えることにある。

その点で、あらためて歴史の進歩・発展をどう考えるかが大きな論点になっている。激動し、複雑な世界の現実を前に、歴史の進歩・発展に戸惑いを感じることがある。現代の歴史の発展を考える場合、マルクス、エンゲルスからなにを学ぶかが重要になる。彼らは、①人間の経済生活が社会の土台であり、②この経済関係の段階的発展によって歴史を区分し、そして、③社会を動かす主役が階級であり、階級社会において歴史発展の原動力が階級闘争である、と論じている。

そのうえで、マルクスは「大づかみに言って、アジア的、古代的、封建的、および近代ブルジョア的生産様式が、経済的社会構成体の進歩していく諸時期として特徴づけられよう。ブルジョア的生産諸関係は、社会的生産過程の最後の敵対的形態である」「ブルジョア社会の胎内で発展しつつある生産諸力は、同時にこの敵対を解決するための物質的諸条件をもつくりだす。それゆえ、この社会構成体をもって人類社会の前史は、終わりを告げる」と述べている（『経済学批判』への序言」）。生産力とその矛盾、その表現としての階級対立と階級闘争によって歴史を説明している。とくに重要なことは、ブルジョア社会＝資本主義社会を最後の階級社会と位置づけていることにある。いわば「階級の論理」で歴史を説明している。

また、マルクスは、『資本論』の最初の草稿である『経済学批判要綱』（一八五七〜五八年）のなかで、自由な個性の発展という視点から人類史を三段階に分けて考察している（『マルクス資本論草稿集』1、一三八ページ、大月書店）。それは、①前近代社会（原始社会、古代社会、中世社会）の「人格的な依存諸関係」→②資本主義社会の「物象的依存性のうえにきずかれた人格的独立性」→③社会主義・共産主義の「諸個人の普遍的な発展」と

「共同体的、社会的生産性」とのうえにきずかれた「自由な個性」というものである。

難しい用語が使われているが、第一に、近代以前の社会では、多くの人は共同体に依存したり、厳しい隷属や身分制のもとにおかれ、人格の独立や個性の自由な発展などは生まれておらず、問題外であった。第二に、資本主義社会になると、商品や貨幣、資本などの「モノ」に縛られているが、はじめて人格的独立や個性の発展が可能になる。もちろん、自動的に成立するのではなく、さまざまな民衆のたたかいをつうじて「個人の尊厳」や自由を守る民主主義と人権が発展する。第三は、未来社会は資本主義社会で発展する「人格的独立性」のうえに成立する「各人の自由な発展が万人の自由な発展の条件であるような協同社会」(『共産党宣言』)である。そこでは社会は「自由な個性」から成り立っている。マルクスはこのように、「個人の歴史的発展」という視点で人類史をみており、「モノ」に縛られるという歴史的制約をもちながら、個性と人格の発展を可能にしたことに資本主義の歴史的役割があると考えていた。まさに「人間の論理」で人類史を説明している。いま、人間の個性や「個人の尊厳」が議論されているだけにきわめて興味深いマルクスの考察である。

こうしてみると、科学的社会主義が考える歴史観は、「階級の論理」を土台にしながら、「階級の論理」と「人間の論理」の統一にあるといえる。この視点から、資本主義社会を人類史のなかに位置づけるなら、まさに最後の階級社会であり、同時に、「物象的依存性」の条件のもとにありながら、人々の「人格的独立性」と「自由な個性」の可能性が生まれている社会でもあるといえる。

よく科学的社会主義は人間不在であり、個人を問題にしないという批判があるが、それはまったくの誤解である。階級からの解放と人間の自由を結合していることに科学的社会主義の歴史論の特質がある。このことを深く理解することに、マルクス、エンゲルスの提起を学ぶ重要な今日的意義の一つがあると思われる。

３　生存の危機とたたかいながら未来へ

人類の生存の危機の現実的可能性

いま、未来社会について議論すると、人類の生存が危うくなっているのに、それどころではないという意見がよく出される。気候危機や地球環境の破壊、核軍拡と核戦争の危機など人類の生存を危うくする問題が深刻になっており、「資本主義を乗り越えて未来社会（社会主義・共産主義）に移行するのが歴史の法則と勤通大の教科書に書いてあるけど、本当かな」といわれることがある。こうした人類の生存の危機は、二〇世紀に、とくに第二次世界大戦後に現実の問題になり、「いつ人類が滅びて人間の歴史が終わるかわからなくなっているのだから、法則的とか必然性などといわれても納得できない」という不安や疑問といえよう。

この問題を考えるうえで大事なことは、第一に、人類の生存の危機とたたかわなければ、未来社会への移行という歴史の発展はない、ということであり、現実に核兵器廃絶や気候危機克服の運動の発展に見られるように、人類はこの生存の危機と必死になってたたかってきた。ここで指摘したいのは、現代において、とりわけ第二次世界大戦後の世界において、原発・核兵器の開発や気候危機・地球環境の破壊など人類の生存の危機の深刻な現実的可能性が存在していることである。この危機は第二次世界大戦前までは、抽象的可能性であったといえる。ところが、第二次世界大戦後の現代において、人類の生存の危機は、抽象的可能性から現実的可能性に転換しており、客観的に実在している。この転換の歴史的意味をきちんと理解し、人類の生存の危機とたたかわなければ、未来社会の実現はあり得ない。二〇世紀の歴史は、人類の生存の危機とせめぎ合いながら、ジグザグの過程をたどりつつ発展してきたのである。

第二に、資本主義から未来社会への移行は、資本主義の利潤第一主義と資本主義的搾取に根拠を置く根本的矛盾を解決するにはそれしかないという意味で必然的であり、法則的なのである。これまで人類の生存の危機が存在するから、未来社会への移行は必然性から一つの可能性になった、と論じられることがあった。ここで大事なことは、未来社会への移行の根拠が資本主義の外にあるのではなく、その内部の根本的矛盾にあるわけだから、資本主義が存在している限り、その矛盾の解決のためには未来社会に移行するしかない。その意味で必然的である。歴史の必然性にもとづく現代の体制変革の階級闘争が人類の生存の危機の現実的可能性の出現という歴史的諸条件のもとでおこなわれているのである。

この二つのことを合わせて考えると、現代における未来社会への移行は、歴史の必然性といえるが、人類の生存の危機という別の可能性が勝利すれば、現実化しない。したがって、生存の危機を克服しなければ、未来社会への必然性は現実に転化しない。これからの未来社会をめざすたたかいは、人類の生存の危機とのたたかいを媒介にして勝利が可能になる。

「人類の生存の危機」のもとでの階級闘争の特質

いま、気候危機が深刻になり、人類の生存が脅かされている。産業革命以来の温室効果ガスの大量排出の結果、産業革命時と比較して、地球の平均気温は一・四八℃上がっている（二〇二三年）。二〇一五年の「パリ協定」では産業革命前に比べて上昇幅を「一・五℃以内」に抑えるとしているが、現在、各国が提出している目標の合計をみると、二一世紀末に三℃も上がってしまうことになり、それを許せば、地球の人びとの生活は破壊的なダメージ受けることになる。温室効果ガス（二酸化炭素など）の排出による地球の温暖化は、極地での氷の融解、海水面の上昇、熱波の多発、森林火災、干ばつと豪雨、多くの生物の絶滅など深刻な影響を世界各地にもたらしている。

こうした事態のなかで、生産力の発展に懐疑的な見解が強くなっている。科学的社会主義は、歴史の発展の原動力は生産力の発展とその矛盾にあると考えてきたが、それは生産力主義であり、人類の危機に無力であるというものである。確かに、今日の生産力の高度な発展が、気候危機、核軍拡競争、公害問題にみられるように、文明の土台を掘り崩しているのは事実といえるが、それはあくまで資本主義的生産力の歪められた発展の問題なのである。恐慌や核兵器の開発と戦争の連続などにみられるように、資本主義的生産力は、浪費や破壊をともないながら発展せざるを得なかったのである。

科学的社会主義は、生産力の発展が歴史の発展の物質的条件であり、この生産力の発展をめぐる矛盾、とりわけ生産力と生産関係の矛盾を土台とし、階級社会ではそれにもとづく階級闘争を歴史発展の原動力と考えている。もちろん、現在の深刻な人類の生存の危機のなかで、今日的視点が求められている。先ほど指摘したように、これまでの階級闘争は人類の生存を前提にしていたが、今日においては、その前提が崩れつつあり、人類の生存の危機の現実的可能性の出現という歴史的諸条件のもとでおこなわれているのである。したがって現代の階級闘争は、労働者と民衆が資本主義にかわる未来社会を実現するには、人類の生存の維持をはかる独自の努力をしなければならなくなっている。

たとえば、先ほど述べた気候危機にたいして、国連を中心に国際社会は温室効果ガス削減の計画的なとりくみをおこなっている。二〇三〇年までに温室効果ガスの排出をおおよそ半減させ、二〇五〇年までに実質ゼロにする必要がある。こうした人類の生存を維持する独自の努力を成功させなければ、未来社会の展望が生まれてこない。ところが、規制緩和と市場万能主義をかかげる新自由主義的資本主義は、このようなとりくみに敵対し、人類の生存を脅かしつづけている。

　現代の労働者と民衆による階級闘争は、人類の生存の維持という人類史的運動を発展させ、成功させながら、「体制の変革」をめざすという特質をもっている。その変革の中で、資本制によるゆがみを除去した人間的で地球環境とも調和した生産力の発展をめざしていくべきではないか。

未来社会と生産手段の社会化

　それでは資本主義の限界を乗り越える未来社会とはどんな社会であろうか。それは、資本主義社会の利潤第一主義によってもたらされる格差と貧困を根本的に解決するには、どうしたらよいかという問題でもある。いうまでもなく資本主義の生産の動機や目的は資本の利潤を増やすことにある。なぜそれが可能になるかといえば、土地や原材料、道具、機械などの主な生産手段が資本のものであるので、生産物も資本のものになるからである。こうした経済のシステムのもとで、生産の動機や目的が資本の利潤をひたすら増やすことに置かれる。資本の利潤第一主義が生まれ、その結果、格差と貧困が不可避になる。

　この問題を根本的に解決するには何が必要であるか。答えは明瞭である。個々の資本が持っている生産手段を社会のものにすることである。生産手段を働く人々の協同体である社会に移すことである。そうすることによって、資本主義的搾取が廃止され、生産の動機や目的を利潤第一主義から「社会と人間の発展」に変えることができる。こうした変革を「生産手段の社会化」という。未来社会にむけての中心的な変革はこの生産手段の社会化にある。この結果、搾取が廃止され、生活を豊かにし、貧困をなくす社会に道を開くことになる。

生産手段を社会の手に移す方法や形態は情勢やその社会の伝統などに応じて多様な形になるが、一番大事なことは、新しい社会では「生産者が主役」という原則がつらぬかれることにある。かつての旧ソ連のように、形だけ「国有化」でも、官僚層の専制支配がおこなわれ、労働者が管理や運営から排除されていたのではとても「社会化」とはいえない。生産手段の社会化とは、生産手段の所有、管理、運営などの全体を生産者の手に移すことである。この生産手段の社会化が未来社会の経済的土台になる。

未来社会の特質は自由と「人間の力の発達」

未来社会の最大の特質は「人間の自由な協同体」にある。マルクスとエンゲルスは、

『共産党宣言』（一八四八年）のなかで、未来社会を「各人の自由な発展が万人の自由な発展の条件であるような協同社会」と簡潔にその特質を説明している。未来社会を考えるうえでのキーワードは〝人間の自由〟にある。私たちは、豊かな生活と〝人間の自由〟を求めて未来社会をめざすのである。

マルクスは、短時間で充分な物質的生産が可能になれば、労働時間が大幅に短縮され、人々が自由にできる時間が飛躍的に増大し、誰もが自分のなかに潜んでいる能力を引き出し、自分の人間的発達の可能性に挑戦することが保障されると論じている。こうして、社会を構成するすべての人びとの人間的発達が、それ自体として目的とされる社会になると考えている。

マルクスは、未来社会の人間生活の時間を「必然性の国」と「自由の国」と二つの領域に分けて論じている。「必然性の国」とは、「本来の物質的生産」に関わる時間の領域で、自分や家族、社会の生活の維持、再生産のためにどうしても必要な労働の時間のことである。「自由の国」は、この「必然性の国」を基礎として、そのうえに成り立つ。「本来の物質的生産」をはたした後に残る自由に使うことのできる時間を「自由の国」と呼んだのである。生産力の発展と労働時間の短縮によって、やがて人間生活の主要部分が「自由の国」になることによって、「人間の力の発達」そのものが「自己目的」となる社会が可能になるとマルクスは考えたのである。マルクスは、階級社会では、経済的土台が社会発展の主導的役割を果たしていたが、未来社会では、経済的土台を成す「必然性の国」ではなく、「人間の力の発達」が社会発展の推進力であり、「自由の国」が主導的役割を果たすと述べている。ここにこそ私たちがめざす未来社会のすばらしさ、夢とロマンがあるといえる。

４　人権と民主主義を媒介に階級的自覚が形成される

発達した資本主義国における社会主義への道

これまでの歴史を振り返ると、社会主義の道を歩んだのは、ロシアや中国、ベトナムなどのように、遅れた資本主義国か植民地・半植民地の場合であった。革命前の生産力も低いし、議会制度や人権と民主主義の制度や考え方の普及も遅れていた。ここに社会主義への道の困難さが存在していた。日本のように発達した資本主義から社会主義にむけての移行の試みはまだない。

発達した資本主義の変革は、これまでにない可能性と複雑さや困難性を抱えている。これまでにない可能性とは、まず社会主義を実現する経済力＝生産力が存在していることである。さらに、議会制民主主義や政治的自由が、いろいろな弊害によって形骸化しているものの、基本的に存在している。これは民主主義のたたかいの発展のなかで、国民的合意が形成されれば、議会制民主主義を通じて、民主主義的変革がおこなわれ、その延長・発展として社会主義への展望が生まれて来る可能性の存在を示している。

同時に、発達した資本主義の変革は、これまでにない複雑さと困難性も抱えている。それは社会の矛盾を押し隠し、その表面化を抑える支配のシステムが整備されているからである。具体的には、（イ）軍事・官僚機構、資本家団体、保守政党など国家制度や支配制度が強固に整備されていること、（ロ）マスコミ、教育、宗教などの文化と宣伝の手段が発達し、国民のなかに支配階級の思想が深く浸透していること、（ハ）労働運動の内部に、反共的な日和見主義の潮流が育成され、労働運動の分裂が組織されていること、（ニ）労働者階級の同盟者である農民や都市自営業者などが分散され、統一戦線への結集が困難にさせられていること、などに示されている。資本主義の矛盾が激しくなっても、その矛盾が先送りされ、表面化を一時的に阻止されてしまうことが多くある。

　このように、発達した資本主義国では、これまでにない社会変革の可能性とともに複雑な困難性を抱えている。したがって、日本のような発達した資本主義国の変革は、このシステムの影響を打ち破る長期の粘り強いたたかいが求められるのである。

日本社会の二つの異常

　日本社会には解決しなければならない二つの異常が存在している。それは資本主義の枠のなかで解決しなければならない、民主主義的性格を持った課題である。

　一つは、日米安保体制をカナメに、日本がアメリカの国家的従属のもとに置かれていることにある。日米安保条約の第六条で、アメリカの基地使用特権が認められ、日本全体がアメリカの基地国家にされている。戦後八〇年になるが、全国に一三〇か所の米軍基地が設置され（自衛隊との共同使用基地を含む）、約五万五〇〇〇人近い米軍が配備されている。とくに首都圏に横田空軍基地や横須賀海軍基地などの大規模な米軍基地がつくられ、沖縄と岩国に「殴り込み部隊」である米海兵隊の前進基地が置かれるなど世界に例のない異常な基地国家になっている。さらに、安保条約第五条で、米軍と自衛隊の共同作戦態勢が規定されている。安保条約第五条では、「日本国の施政の下にある領域」という地理的制約がついているが、ベトナム戦争後、共同作戦の具体化にむけて、ガイドライン（日米防衛協力のための指針）がつくられ（一九七八年）、ソ連崩壊後、共同作戦の対象地域が拡大される。ソ連崩壊後に、新しいガイドライン（第二次ガイドライン）ができると（一九九七年）、日本の「有事」は「周辺有事」に拡大され、二一世紀のイラク戦争への協力のなかで「世界の中の日米同盟」に広がっていく。そして、二〇一五年四月に第三次ガイドラインが締結され、「アジア太平洋地域およびこれを越えた地域」で、日米両国が世界の安定のために「主導的役割を果たす」と宣言されるまでになる。この第三次ガイドライン締結前後に、二〇一四年七月の閣議決定で集団的自衛権の行使が容認され、翌一五年九月に安保法制が成立した。こうして、日本に「脅威」＝「存立危機事態」があると日本政府が判断すれば、相手国への先制攻撃を加えることが可能になった。自衛隊が、日米共同作戦の枠のなかで行動し、事実上、米軍の指揮のもとで地理的制約を取り除いて対外戦争の準備を本格化している。アメリカへの国家的従属のもとで、日本の軍事大国化がめざされている。

重大なことは、公然と表に出さない「密約」によって、安保体制が事実上の核軍事同盟になっていることである。一九七一年の沖縄返還協定で沖縄の施政権がアメリカから日本に返還されたが、六九年一一月の日米首脳会議で「核密約」が合意されている。それは沖縄返還後、「重大な緊急事態が生じた際には」、「核兵器を沖縄に再び持ち込むこと」が認められ、そのために沖縄の米軍基地では核を「いつでも使用できる状態に維持しておき、重大な緊急事態が生じた時には活用できる」ことが確認されている。このように日米安保体制は、表の条約と裏の「密約」が一体となって構築されており、日本の対米従属の異常な構造を示している。

もう一つの異常は、政治が財界・大企業の利益優先のために歪められ、国民生活が圧迫されていることである。「失われた三〇年」といわれるように、経済の停滞と衰退のなかで、国民生活の苦しさは異常になっている。経済成長率の推移を見ると、一九九一年から二〇二二年度の平均が〇・八パーセントである。一九五六年から一九七三年度の高度成長期の平均が九・一パーセント、一九七四年から一九九〇年度のいわゆる「安定成長期」が平均四・二パーセントであり、この三〇年間の日本経済の停滞は明らかである。そのなかで国民生活の困難が深刻になっている。賃金を見ると、この三〇年間、先進諸国のなかで、日本だけが賃金を上げることができなかった。実質賃金もこの一〇年間、年間二四万円も減っている。社会保障を見ても、年金、医療、介護などで負担増と給付削減が繰り返されている。教育でも、若者たちは、高学費と不十分な奨学金制度によって、総額一〇兆円におよぶ借金を抱えている。さらに、食料自給率は三八パーセント、エネルギー自給率も一〇パーセントにすぎず、暮らしと経済の基盤を外国に依存している。ところが、この一〇年間、大企業の内部留保は一八〇兆円近く増えて五一〇兆円にもなっている。大企業が利益を増やしても、内部留保に滞留し、賃上げや下請け単価の上昇などで経済全体に環流しない構造がつくられている。財界の税・社会保険料負担軽減の要望に積極的に応えて、大企業・富裕層への減税・優遇税制を拡大しながら、消費税大増税が景気後退の大きな危惧《きぐ》を無視して強行された結果である（「日本共産党の経済再生プラン」二〇二三年九月、参照）。

こうした露骨な財界・大企業本位の政治を改め、大企業優先の異常な経済のしくみに民主的な規制をかけ、労働者・国民本位の「ルールある経済社会」を実現することが重要な課題になっている。

新しい平和と民主主義のたたかい

いま日本国民に求められているのは、こうした二つの異常（アメリカへの国家的従属と財界・大企業本位の政治）を取り除く新しい平和と民主主義のたたかいである。一つは日本国憲法と矛盾する日米安保体制をうち破り、国の主権をとりもどし、非核・非同盟の民主主義日本の実現をめざすたたかいである。もう一つは、そのたたかいと連動して財界・大企業本位の政治をやめさせ、日本国憲法をまもり、それを活かし、人間らしい生活を可能にする「ルールある経済社会」を実現するたたかいである。労働者や国民の暮らしや権利をまもるために、大幅賃上げと全国一律最低賃金制の実現、労働時間の短縮、暮らしを支える社会保障制度の改革、ジェンダー平等、などの実現をめざす法制度の改革など多様な民主的規制による「ルールある経済社会」をめざすたたかいである。こうした非核・非同盟の民主主義日本と「ルールある経済社会」の実現という民主主義的変革が当面の日本社会の課題であり、この変革を発展させることによって、日本における未来社会の見通しが生まれてくる。

世界的に見ても、深刻になっている新自由主義による格差と貧困、ウクライナやガザに象徴される侵略戦争と地域紛争、難民問題、それを利用する極右勢力の台頭、地球環境問題と核の脅威に見られる「人類生存」の危機など多くの問題が山積している。こうした問題を解決する新しい平和や民主主義のたたかいが求められている。「資本主義の限界」が指摘され、未来社会をめぐる議論が始まっているが、その議論を豊かに発展させるには、新しい平和と民主主義のたたかいの国際的な連帯をどうつくるかが問われている。なぜ新しいかといえば、単なる資本主義の枠のなかのたたかいではなく、このたたかいの発展が資本主義の限界を現実の変革の課題にするからである。新しい平和と民主主義のたたかいの発展が、やがて未来社会の実現を人類の共通の課題にしていくに違いないと筆者は確信している。

労働者の階級的な成長

こうしたたたかいを発展させるには、国民的共同の前進が必要であるが、この共同の主な担い手は労働者階級である。日本の階級構成を見ると、労働者階級はおよそ五四五四万人、階級構成比で八三・三パーセントになる（二〇二〇年の国勢調査）。この多数派である労働者階級の階級的成長が国民的共同とたたかいの前進にきわめて大きな意味を持つ。したがって、労働者階級の階級的成長をどのように見るかが重要な検討課題になる。

この問題に関して、マルクスが重要な指摘をしている。マルクスは労働者階級の階級的成長を経済的条件による共通の利害関係によって形成される「資本にとっての階級」から「自己を相互に結合」して形成される「大衆自体にとっての階級」への成長として論じている（『哲学の貧困』）。「資本にとっての階級」とは資本との関係で自動的に経済的に形成される労働者階級である。

「自己を相互に結合」して形成される「大衆自体にとっての階級」とは、たたかいのなかで意識的に形成される労働者階級である。たたかいのなかで、地方的・分散的な状態から全国的に結集して団結し、労働者階級としての自覚＝階級的自覚をもつようになる労働者階級のことである。具体的には、地域や職場で活動しているときでも、自分たちが抱えている課題は、全国の仲間の利益につながっており、これを解決することが自分たちの問題であるとともに、全国の仲間の利益にもなるのだという全国的視点と、問題を根本的に解決するには政治の構造を本質的に変えなければならないという政治的視点を持っている労働者階級のことといえる。それは、労働者階級の解放にとって、資本主義的搾取を一掃する未来社会の実現が必要という理解にもつながる。こうした階級的自覚を身につけるには、たたかいの経験と結びつけた科学的社会主義の基礎理論の系統的学習が重要になる。

戦後の日本の労働組合運動をみても、この自覚的な労働者階級がたたかいの先頭に立ち、たたかいを支えてきた。自覚的な労働者集団＝「活動家集団」を職場、地域に網の目のように組織することがこれからの労働組合運動の再建強化にとって決定的といえる。

人権と民主主義を媒介にした階級的自覚の形成

科学的社会主義は多数者のための多数者による変革＝多数者革命をめざしている。かつてエンゲルスは、それまでの「奇襲の時代、無自覚な大衆の先頭に立った自覚した少数者が遂行した革命の時代は過ぎ去った」と述べ、多数者による革命の必要性を提起した（「マルクス『フランスにおける階級闘争』一八九五年版への序文」）。大事なことは、これからの発達した資本主義国における多数者革命にとって、圧倒的多数の民衆が自らの課題を理解し、自覚的にたちあがることが決定的である。多くの民衆が自覚的にたちあがらなければ、何もはじまらない。

同時に、多数者革命の前進にとって、この多数者を組織する活動家の存在がきわめて重要な意味を持つ。多くの民衆の自覚的な立ち上がりとそれを組織し、推進する活動家の役割がきわめて大きくなっている。活動家がこうした変革の推進的役割を果たすには、豊かな階級的自覚を持つことが重要である。労働者階級の階級的自覚とは、自分が労働者であるという自覚とともに、資本主義社会を変革し社会主義社会を実現することによって、これまでの階級社会に終止符を打ち、人類の真の解放を実現できるという労働者階級の歴史的使命を理解することである。

いま大事なことは、この階級的自覚の形成と人権や民主主義との関連を深く理解することにある。二つの異常を取り除く民主主義的変革から未来社会へという日本の変革は、民主主義の延長・発展の歴史的な過程ともいえる。日本の変革は、先ほど指摘したように、当面、非核・非同盟の民主主義日本と「ルールある経済社会」の実現によって、日本国憲法を活かした民主主義社会をめざすものである。したがって、日本の階級闘争の担い手にとって、憲法と民主主義の理解を深めることがきわめて重要な意味を持つ。それゆえに、今日の階級的自覚は、憲法と民主主義の理解と結びつけて成り立つのである。

それは、「個人の尊重」を基礎に、民主主義と人権の理解を深め、その延長・発展のなかから未来社会の展望を自分のものにしていくということにほかならない。こうして民主主義の理解と結びつけて、人権と民主主義を媒介にして今日の階級的自覚は成りたつのである。多くの仲間のなかに、人権と民主主義とを結びつけた階級的自覚を形成することが、今日の労働運動や社会運動の重要な課題になっている。

第2章　社会変革とマルクス、エンゲルスの理論的・思想的営み

科学的社会主義の理論は、一九世紀に活躍した思想家であり、革命家であるカール・マルクス（一八一八～八三年）とフリードリッヒ・エンゲルス（一八二〇～九五年）がつくりあげたものである。人類の知的財産ともいえる理論や思想と格闘し、発展させた科学としての社会主義の理論を創造した。

彼らの出発はヒューマニズムと民主主義である。その彼らが、科学としての社会主義の理論を構築し、労働者と人間の解放をめざす展望を理論化する。彼らは、自ら社会変革に関わり、そのなかから変革の具体的理論を構築した。それは一言でいえば民衆が主体となる「多数者革命論」である。この変革の理論の形成過程を学ぶことはきわめて今日的意味がある。

1　科学的世界観の確立――革命的民主主義から共産主義へ

革命的民主主義者としての活躍

マルクスは、大学での専攻は法学であったが、もっぱらヘーゲル哲学に熱中していた。大学を卒業すると、自由主義的ブルジョアジーが創刊（一八四二年）した「ライン新聞」の編集者として活躍し、やがて編集長（四二年一〇月）を務める。彼は、現実の社会問題に取り組み、民衆の生活と経済的関係、それへの国家の干渉など「物質的な利害関係」にぶつかり、経済問題に明るくないマルクスは「困惑」に陥り、政治と経済の関係を考えざるを得なくなる。当時のマルクスは、「青年ヘーゲル派」に属していたが、世の中の矛盾に立ち向かい、社会の変革に情熱を燃やす民主主義の立場に立つ進歩的な哲学者であった。

エンゲルスは、紡績工場主の息子で、後継の経営者として育てられ、高等学校を中退させられ、大学に入学することもできなかった。しかし、彼の向学心は強く、一年間志願兵としてベルリンの砲兵隊に入り（一八四一年）、その時にベルリン大学で講義を聴講し、ヘーゲル哲学に関心を持ち、青年ヘーゲル派との交流を深めていく。一八四二年にはイギリスのマンチェスターで父親が共同経営していた紡績工場で働くようになり、そのイギリス滞在時に、産業革命によって、イギリス社会と労働者階級の状態がどう変貌したかを綿密に調査、研究した。それが、やがて『イギリスにおける労働者階級の状態』（一八四五年五月）として刊行される。エンゲルスは、哲学の面ではマルクスと同様、青年ヘーゲル派に属していたが、労働者の日常生活や運動に関心を持つ民主主義者であった。マンチェスターでチャーティスト運動の活動家や、ロバート・オーエン派の社会主義者と交流した。

エンゲルスがイギリスにむかう途中、「ライン新聞」社にマルクスを訪ね、マルクスと最初の出会いが実現したが（一八四二年一一月）、マルクスがエンゲルスを「誤解」し、儀礼的なあいさつに終わった。

市民社会の構造的変革とその担い手の発見

反動的なプロイセン政府の弾圧で、「ライン新聞」が発行停止になると、マルクスは編集部を去り（四三年三月）、同年六月、イェニーと結婚し、パリに移って（同年一〇月）、アーノルド・ルーゲ（青年ヘーゲル派の一人）と雑誌『独仏年誌』を刊行する。「ライン新聞」を辞めて、『独仏年誌』創刊の一年間は、新しい世界観を求めて、ヘーゲル哲学との格闘の時期になる。

『独仏年誌』第一・二号合併号（四四年二月）にはマルクス「ユダヤ人問題によせて」「ヘーゲル法哲学批判序説」の二論文が掲載されている。またエンゲルスの「国民経済学批判大綱」も掲載されていた。マルクスは、この二つの論文を通じて、ヘーゲルの法哲学批判という哲学的表現をともないながら、政治的解放と人間的解放の関連を論じ、「法的諸関係ならびに国家諸形態は、それ自体から理解されるものでもなく、またいわゆる人間精神の一般的発展から理解されるものでもなく、むしろ物質的な生活諸関係に根ざしている」（『「経済学批判」への序言』古典選書、一五ページ）ことを明らかにし、さらに、「物質的な生活諸関係」の総体である市民社会の変革の担い手がプロレタリアートであることを発見した。

こうした結論に到達したマルクスにとって、エンゲルスの「国民経済学批判大綱」はきわめて刺激的であった。イギリスの古典派経済学に関する精力的なエンゲルスの研究に学び、「ブルジョア社会の解剖は経済学のうちに求められなければならない」と考え、マルクスの経済学研究が本格的に出発する。その最初の成果が『経済学・哲学草稿』と「ミル評注」(「ジェームズ・ミル著『政治経済学要綱』からの抜粋」『マルクス＝エンゲルス全集』大月書店〔以下、『全集』と略記〕第四〇巻、一八四四年六月から四四年八月の終わりか九月に執筆)である。マルクスは、労働者階級における「労働の疎外」を考察しながら、資本主義経済と社会の構造的研究を開始した。疎外された労働と資本という私有財産の矛盾を解決する方向として、共産主義を展望する。

『独仏年誌』でおたがいの考えに共感し合っていた二人は、エンゲルスがイギリスからドイツに帰る途中、パリで交流を深め(四四年八月末)、思想的一致点を見いだし、友情を育み、それからの長い「共同活動」を出発させることになる。二人は、この出会いのなかで、青年ヘーゲル派のブルーノ・バウアーらを批判する本の出版に合意し、一八四五年二月または三月に『聖家族』を刊行した。初めての共同執筆であり、青年ヘーゲル派＝ヘーゲル左派と決別し、唯物論の立場を鮮明にする。当時の二人の唯物論と宗教批判は、フォイエルバッハに依拠し、社会主義論ではプルードンの賛辞を呈しており、世界観や社会主義論で過渡的段階にあったといえる。

『ドイツ・イデオロギー』と唯物史観の成立

一八四五年一月、フランス政府の命令でマルクスはパリを追放され、二月にベルギーのブリュッセルに移転する。エンゲルスもブリュッセルに移転した。この時期に、エンゲルスの『イギリスにおける労働者階級の状態』（一八四五年四月または五月）が刊行される。

その後、二人は、一八四五年七月、イギリスのマンチェスターに短期間の旅行をおこない、イギリスの経済学の研究に熱中する。その成果は、「マンチェスター・ノート」（「新メガ」※第四部第四巻）としてまとめられている。こうした経済学研究の進展を土台に、一八四五年一一月から四六年の夏にかけて共同執筆されたのが『ドイツ・イデオロギー』であった。このなかで、資本主義批判を基礎にしながら、新しい歴史観＝唯物史観が基本的に構築された。マルクスは、『経済学・哲学草稿』やエンゲルスとの共著『聖家族』ではフォイエルバッハを高く評価していたが、『ドイツ・イデオロギー』執筆開始の数か月前に『フォイエルバッハにかんするテーゼ』を書いて、古い唯物論の立場にあったフォイエルバッハを本格的に批判し、新しい唯物論の立場に立っていた。二人は哲学的にはフォイエルバッハの唯物論を乗り越え、さらに、一八四七年七月、『哲学の貧困』を刊行し、プルードンも批判しながら、経済学や唯物史観の新たな理論的展開をおこなった。『ドイツ・イデオロギー』で構築された唯物史観が初めて公表されることになる。

この時期の二人は、自らが属していた青年ヘーゲル派を批判して、ヘーゲル哲学を乗り越え、唯物論の立場に立った。さらに、二人に大きな影響を与えていたフォイエルバッハを乗り越え、新しい唯物論の立場に立ったのである。この立場から新しい歴史観、唯物史観を確立する。後にエンゲルスが、「唯物論的歴史観」と「剰余価値」の「二つの偉大な発見」によって、社会主義は科学になったと指摘するが（『空想から科学へ』）、「唯物論的歴史観」＝史的唯物論の構築が先行したといえる。ただ見ておくべきことは、その土台に、剰余価値の発見には到達していないが、二人の本格的な経済学研究、資本主義批判の研究の進展があったことである。この新しい歴史観の確立の努力と資本主義批判の経済学研究の努力の結合によって、唯物史観が先行的に構築されたといえる。二人の共産主義者としての活動が開始されることになる。

※メガ（MEGA）はマルクス・エンゲルス全集の意味。一九二〇年代に始まったマルクス、エンゲルスの全著作を刊行しようとする試みは一九三〇年代に中断する。これを新メガと区別して旧メガとよぶ。新メガは、一九六七年、『資本論』刊行百年を機に、当

時のソ連と東ドイツの協力で始まり、一九七五年に刊行が始まる。ソ連崩壊後は、オランダのアムステルダムの社会史国際研究所に国際マルクス＝エンゲルス財団が設立され、新メガの刊行が継続されている。

2　一八四八年革命とマルクス、エンゲルス

共産主義者同盟の発足と『共産党宣言』

一八四六年初め（二月）、二人はベルギーのブリュッセルに「共産主義通信委員会」を立ち上げ、各国の運動との組織的連携を呼びかけた。ロンドンにも「共産主義通信委員会」がつくられた。このなかで、労働者の活動家で組織されていた国際的組織である「正義者同盟」（一八三六年に結成）が呼びかけに応え、二人の参加と協力を訴えたのである。その背景には、ロンドンの「共産主義通信委員会」のメンバーが「正義者同盟」の指導的な地位を占めるようになっていたことがある。「正義者同盟」は、四七年六月に第一回大

会を開き、エンゲルスのみが参加し、同盟の名称が「共産主義者同盟」に変更される。この大会で「共産主義的信条表明草案」が暫定的綱領として作成され、大会後のこの「草案」の討議の過程で、エンゲルスが新草案として執筆したのが『共産主義の諸原理』である。

さらに、同年一一～一二月に第二回大会が開かれ、この大会にはマルクス、エンゲルスがそろって参加した。第二回大会の中心議題は綱領問題であった。熱心な討議を通じて、綱領でもある「宣言」の起草が二人に委託された。こうして、世界で初めての共産主義組織の「綱領」である『共産党宣言』が四八年の二月革命の勃発直前に刊行されることになった。

革命の勃発と「執権」概念の提起

一八四八年二月、パリで革命が勃発する。選挙権拡大運動が全国に広がり、パリでは市民が各所にバリケードを築いた。弾圧のために出動する軍も戦意を喪失して、民衆の側につく。国王フィリップはパリから逃げ出し、王制が倒れて共和制が復活した。革命は、ドイツ（三月革命）などヨーロッパ各地に広がった。

『共産党宣言』のなかで、「ドイツはブルジョア革命の前夜」であり、「プロレタリア革命の直接の序曲」（『共産党宣言／共産主義の諸原理』新日本出版社古典選書〈以下、古典選書と略記〉、一〇八ページ）と位置づけている。ブルジョア革命として出発しながら、急速にヨーロッパ規模の社会主義革命に発展し、労働者階級が勝利すると展望していた。

ドイツに帰国した二人は、ケルンに本拠を構え、「新ライン新聞」を四八年六月から刊行した（四九年五月まで、ほぼ一年間）。「新ライン新聞」は、革命を前進させる立場から、ブルジョア政府の妥協的な姿勢を徹底的に批判した。この論戦のなかで、マルクス、エンゲルスは、革命権力のあり方として、「執権」という概念を提起する。革命のなかで権力を握りながら、王権派に妥協してやるべき改革をやらないブルジョア政府に対して、「執権者」として断固として改革を実行すべきと主張したのである（『全集』第五巻、三七ページ）。「執権」には、革命政府が古い権力に左右されることなく、全権限を持つ権力として行動すべきという意味があった。

マルクスとエンゲルスは、やがて、社会主義革命で樹立される権力を「プロレタリアートの階級的執権※」と規定する（「フランスにおける階級闘争」『全集』第七巻、八六ページ）。『共産党宣言』では、「プロレタリアートによる政治権力の獲得」（古典選書、七二ページ）

という表現であったが、その権力の性格が明確にされたのである。

※『全集』では「独裁」と訳されているが、日本の科学的社会主義の到達点として「執権」がふさわしいと思われる。したがって、筆者の判断でこの部分を「執権」と表記した。

革命の敗北とロンドンへの亡命

一八四八年六月、パリの失業と生活に苦しむ労働者が決起するが、ブルジョアジーの利益を優先する臨時政府の残忍な大弾圧によって、たたかいは敗北した。この「六月革命」の敗北を契機に、反革命の攻勢が本格化し、フランスだけでなく、ヨーロッパ全域の革命運動の後退をもたらした。

オーストリアとプロイセンで、王権（絶対主義勢力）が本格的な反抗を開始し、プロイセンでは、四八年一二月には王権がベルリン国民議会を解散する。この反革命の攻撃にプロイセンのブルジョアジーは最後まで抵抗できず、王権との妥協の道を歩むことになる。ドイツの民主主義革命の挫折であった。

四九年八月、マルクスはロンドンに亡命し、エンゲルスも遅れて一一月にロンドンへ亡命する。

共産主義者同盟は、弾圧や内部の対立もあり、一八五二年一一月、解散した。マルクス、エンゲルスが参加して、『共産党宣言』の提案、「四八年革命」への貢献など大きな役割を果たして、幕を閉じることになった。

一八四八年革命時の革命観

マルクスとエンゲルスは、当時、どのような革命観を持っていたのであろうか。エンゲルスは「マルクス『フランスにおける階級闘争』一八九五年版への序文」のなかで、次のように述べている。

「二月革命が勃発したときは、われわれすべてのものが、革命運動の条件や経過についてのわれわれの考えにおいて、それまでの歴史的経験に、とくにフランスの歴史的経験に、とらわれていた」(『多数者革命』古典選書、二四六ページ)。

この「フランスの歴史的経験」とは一七八九年のフランス革命のことであり、革命のイメージはフランス革命の経験によって考えられていた。革命は政党などによって事前に組織され、準備されるのではなく、何かをきっかけに民衆が自然発生的に立ち上がり、革命の進行のなかで鍛えられ、革命の主体が形成され、革命がおこなわれるというものであった。それは、多くの民衆が参加しても、結局、少数の支配者に奉仕するにすぎないのであり、その「革命の共通の形式は、みな少数者の革命」（同前、二四八ページ）であった。この近代革命の特徴が、「プロレタリアートの自己解放のための闘争にもあてはまるようにみえた」（同前、二四九ページ）という。少数者革命の立場であった。

さらに、当時の二人の革命観の特徴は、経済的恐慌と革命を直接的に結びつけて考えていたことにある。一八四八年革命も、前年四七年にイギリスで起きた恐慌がヨーロッパに波及し、そのうえで四八年革命が必然的に起きたと考えていた。四八年革命の敗北が現実のものになっても、マルクス、エンゲルスはこの現実が一時的後退に過ぎず、イギリスの恐慌がヨーロッパ経済の矛盾を激しくし、やがてたたかいが再び高揚すると確信していた。ロンドン亡命後に刊行した雑誌『新ライン新聞　政治経済評論』の最終号で「新しい革命は新しい恐慌につづいてのみ起こりうる。しかし革命はまた、恐慌が確実であるように確実である」（『全集』第七巻、四五〇ページ）と述べている。しかし、一八五七年に恐慌が訪れたが、革命は起こらなかった。恐慌と革命を直結させる二人の革命観は破綻し、革命観の根本的再検討が避けられなくなる。

3　革命観の転換と国際労働者協会の創設

革命観の転換が避けられなくなった

エンゲルスは、「歴史は、われわれおよびわれわれと同じように考えたすべての人々の考えを誤りとした」と述べ、革命観の転換が避けられなくなったと指摘する（マルクス『フランスにおける階級闘争』一八九五年版への序文『多数者革命』古典選書。二五〇ページ）。こうした転換の契機の一つは、全ヨーロッパでの産業革命の進行と社会構造の変化であった。一八四八年革命の頃のヨーロッパを見ると、イギリスは、一八世紀後半から産業革命が起こり、工業化に成功していたが、その他のヨーロッパ諸国は産業革命以前であり、一八四八年革命時の労働者は、ほとんどが手工業的で職人的な労働者であった。近代的工業労働者が形成されていなかったのである。

エンゲルスは、「歴史は、大陸における経済発達の水準が、当時まだとうてい資本主義的生産を廃止しうるほどに成熟していなかったことを明白にした」と述べている。産業革命によって、「いたるところで階級関係をはじめてはっきりさせ」、「ほんとうのブルジョアジーとほんとうの大工業プロレタリアート」が生みだされ、工業プロレタリアート中心の労働運動の段階が訪れていた。しかし、そのプロレタリアートもまだ十分にたたかいの準備がなされておらず、「きびしい、ねばり強い闘争によって一陣地より一陣地へと徐々に前進しなければならら」ず、これまでのような「たんなる奇襲によって社会改造に成功することがいかに不可能であ」るかが、「決定的に証明」（同前、二五〇〜二五一ページ）されたのである。奇襲攻撃によるフランス革命型の少数者革命から多数者革命への転換が避けられなくなっていた。

剰余価値の発見と科学としての社会主義

こうした革命論の大転換をすすめるためにも、マルクスの経済学研究の飛躍が求められていた。マルクスは、一八五〇年から大英博物館図書閲覧室に通い、集められている各国の経済学者の膨大な著作の研究に取り組み、書き抜いてつくった研究ノートは、五〇年九月から五三年八月だけでも二四冊におよぶ（「ロンドン・ノート」とよばれ、「新メガ」で刊行)。ロンドン亡命後の研究生活は、「どん底」の窮乏生活のなかでおこなわれ、エンゲルスは、マルクスの研究を支えるため、一八五〇年一一月、マンチェスターの工場経営の仕事に入り、退職までの二〇年近く「犬の仕事」(エンゲルス)を続けることになる。

マルクスは、一八五七年、著作『経済学批判』の草稿の執筆に入る。草稿の執筆開始は同年一〇月で、翌五八年五月に書き上げる。『資本論』最初の準備草稿で「五七～五八年草稿」とよばれる(『経済学批判要綱』ともいわれる)。この草稿を書き始める前(五七年八月)に、マルクスは別のノートに序論的な「序説」を書き上げる。この「五七～五八年草稿」でマルクスは、ついに「剰余価値論」に到達する。生産過程で労働力の価値を超える価値(剰余価値)が生産され、それがあらゆる資本家の利潤の源泉であることが解明される。六四ページでふれたように社会主義が科学になる条件として「唯物史観」と「剰余価値」の「二大発見」が指摘されているが(エンゲルス『空想から科学へ』)、その「剰余価値論」に到達したのである。『ドイツ・イデオロギー』や『哲学の貧困』で唯物史観の構築が先行していたが、ついに「剰余価値」の発見がなされ、科学としての社会主義が確立した。

『資本論』第一部の刊行

そして一八五九年には、この草稿をもとに『経済学批判』（第一分冊）とそれへの『序言』を執筆・刊行した。マルクスはその後、続編の執筆に入り、途中から著作のタイトルを『資本論』にかえ、一八六六年から六七年四月に『資本論』第一部完成原稿を執筆し、一八六七年九月に刊行した。それは後で述べる国際労働者協会（インタナショナル）の創設（一八六四年）とそれに関わる活動と並行しておこなわれた。第二部、第三部は、マルクスの死後、草稿として残されるが、エンゲルスがこの草稿を編集して仕上げる。第二部は一八八五年、第三部は一八九四年に刊行された。

さらに重要なことは、マルクスの『資本論』研究の進展のなかで、恐慌の仕組みが発見されたことである。マルクスは、一八六三～六四年にかけて、『資本論』第一部と第三部の草稿を執筆し、六五年には第二部の最初の草稿を書き始めた。一八六五年の前半、第二部の第一草稿執筆のなかで、恐慌論の新しい解明がおこなわれたことである（不破哲三『科学的社会主義の理論の発展』参照。学習の友社）。恐慌は、資本主義の体制的危機の爆発でなく、周期的に起きる経済現象であることが明らかにされ、体制的危機に直結するものでなく、資本主義の上向きの発展のなかでも起きることが解明された。こうして、恐慌と革命を直結する考え方が克服され、マルクスはさらに改稿を進めた。

国際労働者協会の創立

一八六四年九月、国際労働者協会（インタナショナル）がロンドンで創設される。国際労働者協会は、「労働者階級の解放」という一般的な目的を掲げ、それに賛同する労働運動、社会主義運動のさまざまな潮流の参加が認められていた。わずか八年間の活動であったが、四八年革命の敗北後、息を吹き返し始めた労働運動を新しい段階に高めるうえで大きな役割をはたした。マルクスも執行部の一員として活躍し、やがて中心的役割をはたすことになる。

マルクスは、「創立宣言」「規約」を執筆し、国際労働者協会の諸方針の大半の執筆などの活躍をする。エンゲルスは、マンチェスターにいて参加が遅れるが、七〇年一〇月には「総評議会」（六六年九月のジュネーブ大会で、中央機関の名称が「中央評議会」から「総評議会」に変更）に加わり、マルクスとともに奮闘する。国際労働者協会の活動を通じてマルクスとエンゲルスの社会変革論が大きく発展した。

労働組合論

創設時の一八六〇年代は、労働運動がようやく高揚し始めるが、当時の社会主義者の間では「労働組合否定論」が優勢を占めていた。国際労働者協会の中央評議会でイギリスの古参のオーエン主義者が賃金闘争と労働組合否定論を提起した。これに対し、マルクスは、一八六五年五月の集会で反論し、さらに六月の中央評議会で原稿を用意して二回ほど報告をした。この原稿が『賃金、価格および利潤』である。

一八六六年九月の国際労働者協会第一回大会（ジュネーブ大会）で、中央評議会の報告としてマルクスが執筆した一一項目からなる「個々の問題についての暫定中央評議会代議員への指示」が読み上げられたが、その六項目にあったのが「労働組合。その過去、現在、未来」である。労働組合運動の原則的あり方が「歴史的にあきらかにされ」、労働組合の展望が示された。詳しくは、第3章マルクス『労働組合。その過去、現在、未来』を参照。

民族問題での転換

国際労働者協会でのポーランド問題、アイルランド問題の議論を通じて、マルクスとエンゲルスの民族問題への対応の大転換が生まれる。一八六六年のジュネーブ大会で、ロシアの支配を断ち切るポーランドの民族自決権を支持する決議が採択される。ところが、国際労働者協会の「総評議会」を置いているイギリスにはアイルランド問題という民族問題が存在していた。イギリスの労働組合の指導者たちは、ポーランドの独立に支持を表明しても、アイルランドの独立には冷たい態度をとっていた。植民地を持つ大国では、労働者のなかにも大国主義の気分が浸透していたのである。

この問題に直面して、マルクスらは、民族問題への対応を大きく転換することになる。それまでマルクスらは、独立国家を樹立する権利＝民族自決権を全ての民族に認めるのではなく、独立する十分な歴史的根拠を持つ大民族だけに認め、小民族には例外的に認めるという態度であった。アイルランドはイギリスに支配された小民族であった。この態度をそのままではアイルランドの反英独立運動を認めないという誤った結論になってしまう。

マルクスは、エンゲルスへの手紙のなかで、「僕は以前はイギリスからのアイルランドの分離は不可能だと考えていた。僕は今ではそれは不可避だと考えている」（『全集』第三一巻、三二五ページ）と述べている。アイルランド問題を通じて、民族自決権を大民族にだけ認める態度を転換させたのである。

同時に重要なことは、マルクス、エンゲルスは、民族自決権の実現＝被抑圧民族の解放は、支配国の革命によって、労働者階級の権力が確立される過程で、支配国の労働者階級のイニシアティブのもとで解決されるべきと考えていた。それがアイルランド問題を通じて、支配国の革命に先行して解決される独自の任務であるという考えに転換する。民族自決を求める民族解放運動の独自性とその意味が明確にされたのである。二〇世紀の植民地体制崩壊の原動力になった民族解放運動に関する科学的社会主義の考え方の起点が、このアイルランド問題を契機とするマルクスの民族問題での大転換にあった（不破哲三『マルクス、エンゲルス革命論研究』新日本出版社、上巻、三〇九〜三二一ページ参照）。

パリ・コミューンの提起した問題

一八七一年のパリ・コミューンは歴史上初めての労働者階級の政府の構築であり、この経験は科学的社会主義の国家論や革命論にとってきわめて大きな意味を持っていた。当時のフランスでは、大革命以来、国民軍という市民から構成される武装組織があり、正規軍とは別に国民軍がパリの治安維持にあたっていた。

プロイセンとの戦争（一八七〇〜七一年）に敗れ、降伏したフランス政府は、この市民から構成される国民軍を武装解除するために、正規軍をパリに投入し、内乱を引き起こしたのである。ところが、正規軍が逆に撃退され、七一年三月、国民軍が完全にパリの支配権を掌握した。パリの市民が武装蜂起したのではなく、政府が内乱を起こし、それが市民に支持される国民軍によって撃退されたのが真実であった。

国民軍中央委員会が、七一年三月から五月の二か月にわたって、人口一六〇万の世界的都市パリを管理したのである。三月の下旬には、普通選挙で議員が選ばれ、新しい議会にもとづく政府が誕生した。この議会がパリ・コミューンと呼ばれたのである。

コミューンは、国家機構のうち、「純然たる抑圧的な諸機関」の常備軍を廃止し、行政機関を真の公共的利益にふさわしいものにつくりかえ、公務員を「労働者なみの賃金」にし、市民によるリコール制を実行した。さらに、議会のもとに、各専門部や委員会、必要な機構をつくり、議会が「同時に執行し立法する行動的機関」になったのである。

こうした経験をふまえて、マルクスは「労働者階級は、できあいの国家機構をそのまま掌握して、自分自身の目的のために行使することはできない」（「フランスにおける内乱」『全集』第一七巻、三一二ページ）と結論づけた。革命政権が勝利したとき、旧来の国家機構をそのまま利用することはできない、抑圧的なものは切り捨て、必要な機関は民主的に改造しなければならない、というものであった。その後、ロシア革命を指導したレーニンは、このことを「できあいの国家機構」の「破壊」と理解し、普通選挙制に基づく議会制度まで「破壊」の対象にするという読みまちがいをしたのである。

パリ・コミューンは、最後は圧倒的な武力で侵攻してきた政府軍と凄惨なたたかいになり、七一年五月二八日、ついに壊滅した。

4　多数者革命路線の本格的探究

労働者党による普通選挙権活用の開始

パリ・コミューンの弾圧にもかかわらず、一八七〇年代にドイツを先頭に労働運動が発展し、マルクス、エンゲルスによる多数者革命路線確立にむけての探究が本格化していった。フランスとの戦争（一八七〇〜七一年）に勝利したドイツは、七一年に諸国家を統合してドイツ帝国をつくりあげ、「ドイツ帝国議会」を発足させた。

当時ドイツには二つの労働者政党が存在していた。一つは、ラサール派の「全ドイツ労働総同盟」である（一八六三年創立）。もう一つは、一八六九年に結成された「社会民主労働党」である。この党はマルクスとの関係が深く、インタナショナルに加盟した最初の政党である。帝国議会の最初の選挙は一八七一年であったが、選挙のたびに労働者政党は前進し、とくに、二つの党が合同するゴータ党大会（一八七五年）以後になると、大きく躍進する。

この躍進に驚いたビスマルク政権は、一八七八年一〇月、「社会主義者取締法」を制定させ、社会民主労働党を事実上、非合法状態に追い詰め、大きな打撃を与えるが、ドイツの労働運動はこの困難を打開し、やがて選挙で再び前進を開始した。このたたかいのなかで、九〇年一月の帝国議会で「社会主義者取締法」の延長法が否決され、ビスマルクも同年三月、辞任に追い込まれた。

当時のドイツは皇帝が絶対的権力を持ち、議会は国政に関する問題の審議だけが認められるに過ぎなかった。しかし、ドイツの労働者党の普通選挙と議会活動の経験は、議会を「解放の道具」として活用し、多数者を組織する階級闘争の新しい可能性をきりひらく歴史的意義を持っていた。

議会を通じる合法的な変革の道

マルクスとエンゲルスは一八四八年革命のなかで、ドイツ共産党の要求として、二一歳以上のドイツ人の普通選挙権を要求していた。マルクスは、四九年のロンドン亡命後、労働者の普通選挙権獲得をめざすチャーティスト運動と連帯していたが、「普通選挙権は、イギリスの労働者階級にとっては政治的権力と同意義」と評価していた（『全集』第八巻、三三六ページ）。マルクスは、パリ・コミューンの武力弾圧後も、「強力革命不可避論」の立場をとらず、社会変革がその国の条件によって多様な形態をとることを強調している。

ヨーロッパを見ると、一八四〇年代は、スイスを除いて、普通選挙制度と民主的な議会制度は存在していなかった。ところが、七〇年代になると状況が大きく変わってくる。マルクスは、イギリスとアメリカにおいて、労働者が国会や議会で多数をとれば、「議会を通じる変革」の可能性があると見ていた。もちろん、マルクスは支配階級の合法的変革への「反乱」の危険性を鋭く指摘し、「合法的」強力への「反逆」とのたたかいを指摘している（『全集』第三四巻、四一二ページ）。

こうしてマルクスとエンゲルスは、七〇年代になると、民主主義的政治体制の存在している国における「議会的な道」による社会変革の可能性を、歴史の大道として本格的に追求するようになったのである。

民主共和制論の深まり

マルクスとエンゲルスは、多数者革命の路線を深めるなかで、労働者のたたかいがおこなわれ、権力を獲得する政治形態に関する検討を深め、具体的には民主共和制の意味を発展させた。エンゲルスは、ドイツの社会民主労働党のベルンシュタインへの手紙で「ブルジョアジーとプロレタリアートの闘争は共和制のもとでのみ決着がつけられる」（『全集』第三六巻、四八ページ）と説明している。マルクスも、民主的共和制に関して、「ドイツ労働者党綱領に対する評注」のなかで、「ブルジョア社会のこの最後の国家形態においてこそ、階級闘争が決定的にたたかいぬかれなければならない」（『ゴータ綱領批判／エルフルト綱領批判』古典選書、四五ページ）と指摘している。

また労働者階級が階級闘争に勝利した後の国家形態に関して、エンゲルスは、「なにか確かなことがあるとすれば、それはわが党と労働者階級は、民主共和制の形態の下においてのみ、支配権を得ることができる、ということである。この民主共和制は、すでに偉大なフランス革命が示したように、プロレタリアートのディクタトゥールの特有の形態でさえある」（同前、九四ページ）と述べている。

ロシアの革命と共同体をめぐって

マルクス、エンゲルスは、西ヨーロッパの変革を中心に考えていた。もちろん、西ヨーロッパ以外の民族運動など社会運動に関心を示し、期待を寄せていたが、西ヨーロッパの労働者階級による社会変革が先行すると考え、この社会変革に依存しながら考察していたのである。ところが、晩年にロシア革命と共同体の問題を検討するなかで、社会変革論の可能性が大きく広がることになった。その転機が、ロシアの女性革命家ザスーリチの質問へのマルクスの回答である「ザスーリチへの手紙」（一八八一年）であった。この「手紙」のなかで、マルクスは、資本主義の道に入る前夜のロシアで資本主義を通らずに社会主義に前進できるか、ロシアに残っている共同体がロシアの社会主義的再生の拠点にならないかというザスーリチの質問にたいし、革命によって「あらゆる側面からこの共同体におそいかかっている有害な諸影響を除去すること、ついで自然発生的発展の正常な諸条件をこの共同体に確保する」ならば、ロシアの共同体が社会的再生の拠点になるという結論を回答した。マルクスは「ザスリーチの手紙への回答の下書き」のなかで、「ロシアの共同体を救うには、一つのロシア革命が必要である」と述べ、「農村共同体に自由な飛躍を保障するために、革命が全力を集中するならば」、農村共同体は、「ロシア社会を再生させる要素として、資本主義制度によって隷属させられている諸国に優越する要素として、発展する」と語っている。（全集一九巻、三九八ページ）。

マルクスは、モーガンの『古代社会』（一八七七年）に注目し、原始共同体の研究を本格的に進めていたこともあり、ロシアの共同体が社会的再生の拠点になるという結論を出した。とくにマルクスは、原始共同体の研究から共同体における協同性の重要性に注目していた。

ここで重要なことは、マルクスが『資本論』からではなく、ロシア共同体や共同体論一般の研究からこの結論を引き出したことにある。しかし、それはマルクスがヨーロッパ中心主義から転換したことなどを意味しはない。マルクスは、「ザスーリチへの手紙」のなかで、『資本論』で分析されている資本主義的生産の運動が「西ヨーロッパ諸国に明示的に限定されている」と述べているように、彼の『資本論』研究ははじめから西ヨーロッパに限定されており、ロシアの共同体の評価は『資本論』とは別の、先に述べた「特殊研究」からの結論であった。この意味で、ヨーロッパ中心主義からの転換というものではなかった。

二一世紀のいま、政治的激動のなかで、ラテンアメリカやアジア、アフリカで社会の根本的変革を考える場合、共同体が社会の重要な構成要素になっている国が多数存在しており、社会変革と共同体の関係が問われている。その意味でロシア革命と共同体に関する晩年のマルクスの研究を振り返ることは、きわめて今日的意味を持っている。「ザスーリチへの手紙」を準備する過程での共同体研究は、史的唯物論の放棄などではなく、唯物史観、社会変革論の新しい歴史的可能性を切り拓く重要な意味を持っていたのである。

エンゲルスの歴史的総括と結論

二人の革命観の転換に基づく、多数者革命の路線を近代革命の歴史的総括を踏まえて理論的に結論づけたのが、エンゲルスの「マルクス『フランスにおける階級闘争』一八九五年版への序文」である。この「序文」が発表されたのが一八九五年四月で、エンゲルスが亡くなるのが同年八月五日であるから、死の直前に執筆したエンゲルスの政治的遺言ともいえるものであった。

エンゲルスは、それまでの「奇襲の時代、無自覚な大衆の先頭にたった自覚した少数者が遂行した革命の時代は過ぎ去った」と述べ、多数者による革命の必要性を提起する。その場合、「社会組織の完全な改造ということになれば、大衆自身がそれに参加し、彼ら自身が、なにが問題になっているか、なんのために彼らは〈肉体と生命をささげて〉行動するのかを、すでに理解していなければならない」「だが、大衆がなにをなすべきかを理解するため――そのためには、長いあいだの根気づよい仕事が必要である」（『多数者革命』古典選書、二六一ページ）と指摘し、「選挙を利用し」た活動、「宣伝と議会活動」の大切さを強調している。

エンゲルスは、一八四八年革命以後の一八六〇年代から八〇年代にかけての階級闘争の歴史、そこにおけるドイツの労働者党を先頭とする普通選挙や議会闘争、多数者を結集させるたたかいの経験を総括し、それまでの少数者革命の時代から多数者革命の時代に転換したことを明らかにした。今日の社会変革はこの歴史的結論を出発点としている。

第3章　古典の扉を開く

1　革命的民主主義から共産主義へ

①マルクス『ヘーゲル法哲学批判　序説』

初期マルクスの思想形成で大きな転換を示すのが、『独仏年誌』第一・二合併号（一八四四年二月末刊行）に掲載されている「ユダヤ人問題によせて」「ヘーゲル法哲学批判　序説」の二論文で、とくに革命的民主主義から共産主義の世界観、社会観への転換を象徴しているのが「ヘーゲル法哲学批判　序説」である。

マルクスは、宗教の批判は（フォイエルバッハによって）本質的に終わっているが、批判をそこにとどめてはいけないと論じる。マルクスは「反宗教批判の基礎は、人間が宗教をつくるのであり、宗教が人間をつくるのではない、ということにある」と述べ、「宗教上の悲惨は、現実的な悲惨の表現でもあるし、現実的な悲惨にたいする抗議でもある。宗教は、抑圧された生きものの嘆息であり、非情な世界の心情であるとともに、精神を失った状態の精神である。それは民衆の阿片《あへん》である」と指摘している。だから宗教の批判は、宗教を生み出し、その支えとしているような現実の人間社会の批判にすすまなければならない、とマルクスは主張する。

マルクスはドイツにおける社会変革の課題が、旧制度からの政治的解放と人間的解放にあることを明らかにする。彼は、ドイツでは、遅れた封建的な旧制度のもとで資本主義が発展しており、「近代国家の世界の文明的欠陥」と「旧体制の野蛮的欠陥」が結びついていると指摘する。専制政治や封建的身分制を打破する政治的解放が大きな歴史的意味を持つが、それだけでは限界があった。政治的な解放によって形式的な平等が実現しても、市民社会の矛盾を解決できないからである。市民社会は「利己的な独立した個人」（「ユダヤ人問題によせて」）から構成され、経済的不平等や強者による弱者への経済的抑圧が存在しており、市民社会の構造的変革が不可欠になっている。マルクスは、こうした政治的解放とそれと区別される人間的解放の課題を明らかにする。こうした方向にすすむことによって、ヘーゲル哲学への真の批判が成し遂げられるとマルクスは考えた。ヘーゲルの法哲学は、観念論の立場でありながら、現存の社会秩序を総括したものであり、これを簡単に捨てるのではなく、この弁証法的否定によって、真の哲学が可能になると考えたのである。

そのうえで、マルクスは、「どこにドイツ解放の積極的な可能性はあるのか?」と問題を投げかけ、それはプロレタリアートであると答える。さらに、「哲学がプロレタリアートのうちにその物質的武器を見いだすように、プロレタリアートは哲学のうちにその精神的武器を見いだす。そして思想の稲妻がこの素朴な国民の地盤の根底まで貫くやいなや、ドイツ人の人間への解放は達成されるであろう」と述べている。さらに、「ドイツ人の解放は、人間の解放である。この解放の頭脳は哲学であり、その心臓はプロレタリアートである」と結論づけている。

マルクスはこの時点では人間的解放の具体的な内容を煮詰めていないが、変革の主体がプロレタリアートであり、プロレタリアートと科学的理論との結合の必要性を考えていた。革命的民主主義から共産主義への確実な一歩が始まった。

②マルクス『経済学・哲学草稿』と「ミル評注」

マルクスが本格的に開始した経済学研究の最初の成果である。『経済学・哲学草稿』と

「ミル評注」※（六二ページ参照）は一体のものであり、「パリ草稿」とよばれる。最近の研究では、「パリ草稿」は一八四四年六月から八月の終わりか九月にかけて短期間に書かれたという。

※「ミル評注」……「ジェームズ・ミル著『政治経済学要綱』からの抜粋」『全集』第四〇巻。

マルクスは『独仏年誌』第一・二合併号に掲載された「ユダヤ人問題によせて」「ヘーゲル法哲学批判　序説」によって、市民社会（ブルジョア社会）の解剖学としての経済学研究を本格的に開始した（「『経済学批判』への序言」古典選書一三ページ）。労働者階級における「労働の疎外」を考察しながら、資本主義経済と社会の構造的研究が開始された。疎外とは、主体の本質に属していたものが、自分にとって、よそよそしく疎遠になり、そのために主体性が喪失し、自分が自分でなくなることである。

マルクスの疎外論は、単に市民社会の疎外現象を告発するのでなく、さまざまな疎外現象が「経済的疎外」によって引き起こされたことを明らかにし、疎外現象を批判することによって、疎外を引き起こす資本主義社会に代わる新たな理念を提起したことにある。

『経済学・哲学草稿』の「第一草稿」で「疎外された労働」が、「ミル評注」では「疎外された交通」が論述され、「第三草稿」で「疎外された人間生活」が検討されている。「第二草稿」は、全体の一部しか残されておらず、最近の研究によって、「ミル評注」は「第一草稿」と「第二草稿」の間に書かれていることが定説になっている（岩佐茂『マルクスの生活者の思想とアソシエーション』桜井書店、参照）。

「第一草稿」では、「疎外された労働」を次のように特徴づけた。第一に、労働者からの労働生産物の疎外であり、労働者がつくりだした生産物が資本家のものになり、自分から疎遠なものになっていること。第二に、労働そのものの疎外であり、「私的所有」のもとで労働が労働者にとって強制的で苦痛に満ちたものになっていることである。第三に、人間の類的存在からの疎外。人間が人類として持っている自由な意識的活動が失われていることであり、第四に、人間からの人間の疎外。これは、労働者が他の人間である資本家と対立し、人間の本質である「社会的共同性」を疎外し、人間相互の分裂をもたらすことである。

「ミル評注」では、諸個人が社会的に交わり、活動を交換することを「交通」とよび、資本主義市場の商品交換という「交通」のあり方が疎外されている現実を分析している。資本主義市場での売り手と買い手が互いを手段化するだけでなく、人格と人格の関係が物と物の関係という転倒した関係になっていることを明らかにしている。

「第三草稿」では「疎外された労働」や「交通」の疎外などの「経済的疎外」だけでなく、そこから引き起こされる「疎外された人間生活」「あらゆる疎外の積極的止揚※」がとりあげられている。

※ヘーゲル弁証法の用語。発展のなかで古いものがすべて廃棄されるのではなく、それがもっている積極的内容は新しい高い段階のうちに保持され、いっそう充実、成長させられる関係をいう。

マルクスは、こうした疎外された労働と資本という私有財産の矛盾を解決する方向として、共産主義を展望する。「私有財産の積極的止揚としての共産主義」「人間的本質の現実的な獲得としての共産主義」が提起され、科学的社会主義への確実な一歩を歩み始めている。

マルクスは、私有財産としての資本を前提にしながら、疎外された労働によって、私有財産である資本の価値がますます増大し、労働者がますます貧窮することを論じている。『経済学・哲学草稿』と「ミル評注」では、まだ資本の「剰余価値」や資本主義的蓄積は解明されていない。しかし「パリ草稿」の疎外論は、「資本論」とは異なる「未熟さ」や

「欠陥」ではなく、資本主義的生産の本格的な解明の重要な一歩なのである（牧野広義『マルクスの哲学思想』文理閣、参照）。

③マルクス「フォイエルバッハにかんするテーゼ」

筆者は若い頃から、「哲学者たちは、世界をさまざまに解釈しただけである。肝要なのは、世界を変えることである」（テーゼ一一）を読み、われわれの世界観の真髄がここにあると感激していた。

テーゼは、二六歳のマルクスが、一八四五年に自分用に手帳に走り書きしたものであったが、エンゲルスが『フォイエルバッハ論』の執筆の際に参考にし、一八八八年、刊行にあたって、若干手を加えて付録として公表したものである。マルクスは、『経済学・哲学草稿』やエンゲルスとの共著『聖家族』ではフォイエルバッハを高く評価していたが、このテーゼでは一から一一の番号をつけてフォイエルバッハを批判している。

エンゲルスは「新しい世界観の天才的萌芽が記録されている最初の文書」として評価している。マルクスがこのテーゼを書いたのは、『ドイツ・イデオロギー』執筆開始の数か月前であった。このテーゼで明らかになっている新しい唯物論を前提に『ドイツ・イデオロギー』が執筆されている。

マルクスは、「これまでのすべての唯物論（フォイエルバッハのそれをも含めて）の主要な欠陥は、対象、現実、感性が、ただ客体または直観という形式のもとでだけとらえられて、感覚的人間的な活動、実践として、主体的にとらえられていない」ことにあると述べている（第一テーゼ）。「対象、現実、感性」とはフォイエルバッハの用語で、人間の「感性」（感覚）で捉えられる「現実」の「対象」（自然と社会）という意味である。フォイエルバッハを含めたこれまでの唯物論は、現実的対象（世界）を「ただ客体または直観」で捉えてきた、つまり、外から傍観者的に眺めてきたのだという。マルクスは、労働や社会的実践などの「感覚的人間的な活動、実践」との関連で現実的対象（自然と社会）を捉えられないところに、これまでの唯物論の「主要な欠陥」があると指摘する。まさに、「主体的にとらえられていない」のである。

フォイエルバッハは、「宗教的世界」が「世俗的な世界」の幻想的投影であることを明らかにしたが、「世俗的世界」を歴史的に構造的に分析できず、自身が身を置くブルジョア社会の枠のなかで、「抽象的個人」として人間を描くだけであった。したがって、旧来の唯物論の立場が、「ブルジョア社会であり、新しい唯物論の立場は、人間的な社会、または社会的な人類」（第一〇テーゼ）ということになる。それは、ブルジョア的な社会を変革して実現される「人間的な社会」の立場に立つ実践的な新しい唯物論である。そのうえで全体の結論として冒頭に紹介した「テーゼ一一」が入る。科学的社会主義の哲学の成立の宣言でもあった。

④エンゲルス『イギリスにおける労働者階級の状態』

エンゲルスは、一八二〇年一一月二八日にドイツのバルメンで織物工場主の長男として生まれた。その彼が、一八四五年五月、二四歳の時に本書を刊行した。一八四二年から四四年にかけてのイギリス滞在時に調査と研究をおこない、産業革命によって、イギリス社会と労働者階級の状態がどう変貌したかを具体的に描き出し、執筆したものである。

当時の共産主義者（マルクスも含む）が労働者階級の状態を具体的に理解していないなかで、エンゲルスの調査と研究はきわめて画期的なものであった。

エンゲルスは、イギリス人のためでなく、ドイツ人のためにドイツで本書を出版した。

イギリスは、すでに一八世紀後半に産業革命を開始しており、発達した資本主義社会としての特徴を全ての領域で示していた。彼は、イギリスから遅れて産業革命を開始したドイツの人々に〝明日の姿〟として、イギリスの産業革命による社会の変貌を事実に基づいて鋭く警告したのである。

本書は、「序説」「工業プロレタリアート」「大都市」「競争」「アイルランド人の移住」「諸結果」の六つの総論ともいえる章と、さらに各論ともいえる六つの章の全一二章によって構成されている。機械の発明を軸とする産業革命によって、イギリス社会の変貌を見事に描き出し、そのなかで労働者階級の成立の意義が強調されている。労働者階級は、産業革命により自立性を奪われ、「完全にたんなる機械に変え」られたが、そのことが労働者にものを考え、人間的地位を要求する刺激を与えることになったと、悲惨な状態と労働者の成長する可能性との対抗を指摘している。

各論ともいえる後半では、工業労働者だけでなく、家内工業の労働者、鉱山労働者、農業労働者の実態が明らかにされ、さらに国家の労働問題の政策も分析し、労働者階級のたたかいの展望が示されている。

ロシア革命の指導者であったレーニンは、この著作に関して次のように語っている。

「エンゲルス以前にも、プロレタリアートの苦難をえがいて、これをたすける必要を指摘した人々は、はなはだ多かった。エンゲルスは、プロレタリアートが苦難する階級であるだけにとどまらないこと、プロレタリアートがおかれている恥ずべき経済的地位そのものがさからいがたい力で彼らをまえへおしすすめ、自己の終局的解放のためにたたかわせるということを、最初にかたった人であった。そして、たたかうプロレタリアートは、自力で自分を救うであろう。労働者階級の政治運動は、かならず労働者に、社会主義以外には自分らに活路がないことを自覚させるようになろう。他方では、社会主義は、労働者階級の政治闘争の目標となってのみ、はじめて一個の力となるであろう。これが、イギリスの労働者階級の状態についてのエンゲルスの著書の根本の諸思想である」（「フリードリヒ・エンゲルス」『レーニン全集』大月書店、第二巻、六〜七ページ）。

七二歳になった老エンゲルスは、一八九二年の「ドイツ語第二版」の「序文」で本書を「萌芽的発展の一つの局面」を示すものと評価しているが、同時に「もう一度通読してみて、これをすこしもはずかしがる必要がない」と自負している。科学的社会主義に到達する過程での大変な労作である。

⑤マルクス／エンゲルス『ドイツ・イデオロギー』

マルクスとエンゲルスの共同の仕事である本書は、一八四五年一〇月から四六年夏にかけて執筆された未完の大著である。二人は「われわれの以前の哲学的意識を清算」するために、彼らも属した〝青年ヘーゲル派〟の、現実を無視する抽象的見解を批判し、人間の「現実的な解放」は、「現実的世界のなかで、また現実的手段による以外」にないという立場を明確にする。

ところが、書き上げた原稿は出版社などの事情で刊行できなくなった。本書の刊行は、その後、複雑な過程をたどる。一九二一年、ロシアでマルクス・エンゲルス研究所初代所長リャザノフの編集で一九二四年にロシア語版、一九二六年にドイツ語版が刊行される。「一　フォイエルバッハ」だけの公刊であった。日本でも、一九三〇年、三木清の訳で岩波文庫として出版される。その後、スターリン時代にアドラツキーのもとで全巻が初めて公刊されるが、この版は編集者の勝手な思惑で並べ替えるという乱暴なやり方で編集されていた。現在、テキストに忠実な「新メガ」が刊行され、二〇一七年に『ドイツ・イデオロギー』が公刊された。

『ドイツ・イデオロギー』で一番読まれているのは、第一巻・第一章の「フォイエルバッハ」である。そこではフォイエルバッハの唯物論の限界が批判され、二人の新しい歴史観が詳細に述べられている。彼らは、人間とその歴史の基礎（土台）を、第一に、「すべての歴史の根本条件」である物質的な生活手段の生産、第二に欲求の充足―新しい諸欲求の産出、第三に、人間の生命の生産と再生産―人間の繁殖、家族、第四に社会的関係の形成―諸個人の協働、という四つの契機で説明する。

そして社会の発展が、分業の発展段階と所有のさまざまな形態で論じられる。この所有形態はやがて「所有関係」という概念に引き継がれ、生産手段の所有関係に基づいて「生産関係」「階級関係」という概念が成立する。『ドイツ・イデオロギー』では物質的生産のなかで結ばれる人間諸関係が主に「交通形態」「市民社会」という用語で表現されている。※

※『ドイツ・イデオロギー』を書き終えて一年後に公刊された『哲学の貧困』のなかで「交通形態」にかわって「生産関係」という用語が登場し、その後、史的唯物論の基本的概念になる（本書『哲学の貧困』一〇四ページ参照）

国家も、個人や家族の特殊利害と社会の共同利害の矛盾から共同利害を代表する「自立した姿」をとって生まれると説明され、この共同性は「幻想的な共同性」で、階級支配の状態が国家の「実在的土台」として存在すると指摘される。社会思想に関しても「支配階級の思想は、どの時代でも支配的思想である」と述べ、「物質的生産の手段を意のままに使用できる階級は、それとともに精神的生産のための手段も自由に使用できる」からだと指摘する。社会の全体的構造が唯物論的に説明される。

生産力と交通形態の矛盾が激しくなると階級闘争が発展し、社会変革がおこなわれる。そして共産主義革命によって人間の解放がめざされ、その目的は人格的自由の実現にあると強調される。

マルクスとエンゲルスは、一方において、市民社会、資本主義社会の経済学的解剖の研究を強めながら、それを基礎にして、他方において、ドイツ哲学を根底から批判し、自分たちの新しい歴史観を構築した。この両方の努力が結びついて唯物史観＝史的唯物論が成立した。

⑥マルクス『哲学の貧困』

本書は一八四七年七月、プルードンから贈られた『貧困の哲学』への批判としてフランスで刊行された。批判の概要はロシアの政論家「アンネンコフあてのマルクスの手紙」で丁寧に説明されている（『全集』第四巻）。

本書は『ドイツ・イデオロギー』（四六年夏頃仕上げる）のなかで形成された唯物史観を公表した最初の仕事であった。マルクスは、後に「『経済学批判』への序言」で、「われわれの見解の決定的な諸論点は、プルードンに反対して一八四七年に刊行した私の著書『哲学の貧困』のなかで、単に論争のかたちでではあったが、はじめて科学的にしめされた」と述べている。

プルードンへの批判をおこないながら、経済学や唯物史観の新たな理論的展開が見られる。

第一に、『ドイツ・イデオロギー』で使われた「交通形態」という用語が使われず、代わりに「生産諸関係」が登場したことである。物質的生産のなかで形成される社会的諸関係で経済的土台を表現する唯物史観の基本的概念が登場し、定着することになる。

第二に、プルードンの弁証法がヘーゲルの観念論的弁証法の焼き直しだと指摘している。

第三に、経済学でリカードを擁護し、労働価値説の立場に立ったことである。エンゲルスの『国民経済学批判大綱』（『全集』第一巻）に見られるように、それまではマルクスとエンゲルスは労働価値説に批判的態度をとっていた。労働力と労働の違いが明確でなく、剰余価値もまだ発見されていないが、科学的社会主義の経済学研究の重要な第一歩が築かれたといえる。

第四に、階級論の大きな発展である。マルクスは、労働者階級の形成を経済的条件による共通の利害関係によって形成される「資本にとっての階級」から「自己を相互に結合」して形成される「大衆自体にとっての階級」へ成長すると論じている。たたかいの中で政治的に構成される「大衆自体にとっての階級」＝自覚的な労働者階級こそ階級闘争の主役になるのである。

第五に、当時の社会主義者がそろって労働組合を無意味で有害だと否定するなかで、マルクスは労働組合の歴史的必然性を明らかにしている。

こうした経済学や唯物史観の理論的展開のなかで、一八四八年革命を迎えることになる。

2　一八四八年革命とマルクス、エンゲルス

⑦マルクス『賃労働と資本』

本書は、一八四八年革命の直前に準備され、革命の最中に刊行された経済学の入門書である。四七年一二月にブリュッセルのドイツ人労働者協会でおこなわれたマルクスの講演をもとに、四九年四月の「新ライン新聞」に五回にわたって連載されたものがまとめて刊行された。マルクスの講演は、『共産党宣言』の執筆の最中におこなわれた。

四八年二月にパリで革命が勃発し、革命はドイツに、さらにヨーロッパ中に波及した。『共産党宣言』の中で「ドイツはブルジョア革命の前夜」であり、「プロレタリア革命の直接の序曲」と位置づけられていた。マルクスとエンゲルスは、一八四八年革命がブルジョア革命として始まっても、急速にヨーロッパ規模のプロレタリア革命に転化し、社会主義

革命の勝利で終わらざるを得ないと考えていた。

本書はこのプロレタリア革命を意識して「階級闘争と民族闘争との物質的基礎をなしている経済的諸関係」をできるだけわかりやすく労働者に解説しようとしている。ところが、一八四〇年代のマルクスの経済学研究は、まだ発展途上であり、その後の彼の到達点から見ると、曖昧《あいまい》さや不正確な問題を抱えていた。端的にいえば、資本主義的搾取の本質である剰余価値の発見以前の段階であった。

そこで一八九一年にパンフレットとして大衆的に普及する際に、エンゲルスがその後のマルクスの到達点から修正作業をおこなった。エンゲルスは、マルクスが「一八九一年に書いたとしたらほぼこのようなものだったろうと思われるパンフレット」であると述べているが、私たちが読んでいるのはこの九一年版である。このエンゲルスの解説は「序論」（一八九一年）として掲載されている。エンゲルスは自分の変更が、資本家に労働者が労賃と引き換えに売るのは「労働」ではなく「労働力」という一点だけであり、これは「単なる字句のせんさくではなく」「経済学全体のなかで最も重要な点の一つ」とことわっている。

進行しつつある革命闘争の中で、マルクス自ら労働者に解説した経済学入門であったことに本書の歴史的意味があった。

⑧エンゲルス『共産主義の諸原理』

エンゲルスの『共産主義の諸原理』（以下『諸原理』古典選書）はきわめてわかりやすく叙述されており、併せて読むと『共産党宣言』（以下『宣言』）の中身をよく理解できる。

マルクスとエンゲルスは強い参加要請を受けて労働運動の組織である「正義者同盟」に入った。「正義者同盟」は、一八四七年六月の第一回大会で、同盟の名称を「共産主義者同盟」に変更した。この大会で「共産主義的信条表明草案」が暫定的綱領として作成され、大会後のこの「草案」の討議の過程で、エンゲルスが新草案として執筆したのが『共産主義の諸原理』である。

やがて、同盟第二回大会の委託をうけて二人が『共産党宣言』を起草した。『諸原理』が『宣言』起草の重要な素材であったことはいうまでもない。

『諸原理』は問答形式になっているが、エンゲルスは、第二回大会への出発の直前に、マルクスに手紙を書き、そのなかで「僕は、問答形式をやめて、それを共産党宣言という題にするのがいちばんいいと思う」「これまでの形式ではまったく不適当だ」と記している。『諸原理』の形式は、「信条表明草案」など従来の形式を踏襲していた。

内容上、問題になる点は、全体として労働と労働力の区別がなされていないことにある。まだマルクスによる剰余価値の発見までの研究が進んでおらず、経済学の研究は初歩的な段階であった。さらに、それまで「正義者同盟」では、共産主義社会の特徴を私有財産の廃止と財貨共有制としていたが、『諸原理』のなかでも財貨共有制が残っている（第一四問）。所有の問題として生産手段と生活手段の区別がなく、全ての私有財産を廃止し、財貨の共有を目標とする曖昧《あいまい》さが残存していた。にもかかわらず、未来社会の特徴を「連合」と規定していることが注目される。

エンゲルスは革命の「発展の道」に関して、イギリス、フランス、ドイツをあげながら、「民主主義的国家体制を、そしてそれとともに、直接または間接に、プロレタリアートの政治的支配を樹立するであろう」と「議会を通じる革命」への道を論じている（第一八問）。この可能性は『共産党宣言』では論じられていないが、マルクス、エンゲルスはこの段階から、「議会を通じる変革」の道の探究を始めていた。

⑨マルクス／エンゲルス『共産党宣言』

『共産党宣言』は、「一つの妖怪がヨーロッパを歩き回っている――共産主義という妖怪が」という有名な文章から始まっている。

マルクスらは、支配層が共産主義を実態のわからない妖怪といって人々を恐れさせ批判しているが、いまこそ共産主義とは何かを全世界に公表し「共産主義の妖怪というおとぎ話」に対置するのが『宣言』の目的と語る。

『宣言』は、世界で最初に生まれた共産主義運動の政党である共産主義者同盟（前身は正義者同盟）の綱領である。マルクスとエンゲルスは強い参加要請を受けて同盟に入り、同盟第二回大会（一八四七年一一月～一二月）で、宣言＝綱領の起草を委託される。そして四八年一月末に執筆が完了し、同年二月にロンドンで出版された。二月革命の直前という絶好のタイミングであった。マルクス二九歳、エンゲルス二七歳のときである。

エンゲルスは、『宣言』をつらぬく「根本思想」を語っている。それは、社会の政治や精神の土台が経済的生産にあり、人間社会の歴史（原始共産制社会を除く）が、その土台

（経済）の矛盾を基礎とした搾取する階級と搾取される階級の階級闘争の歴史であること、そして共産主義運動の目的が、搾取・抑圧しているブルジョアジーの支配からプロレタリアートを解放することにあり、このプロレタリアートの解放が「全社会を永久に搾取、抑圧および階級闘争から解放」する全人類的事業にほかならないこと、ということにある。マルクスとエンゲルスは、すでに一八四六年夏頃には、『ドイツ・イデオロギー』を書き上げ、科学的な社会観である史的唯物論を仕上げていた。その二人が、初期の共産主義的労働運動と結合し、世界で初めての共産主義革命の科学的な理論と方針を打ち出した歴史的意味はきわめて大きい。

⑩マルクス『フランスにおける階級闘争』
『ルイ・ボナパルトのブリュメール一八日』

両著作は、マルクスが唯物史観の立場から同時代の歴史過程、政治過程を生き生きと論じたもの。現代史を専攻する筆者にとって、現代史研究の視点、方法を深める最良の教材である。『フランスにおける階級闘争』の一八九五年版の序文で、エンゲルスは「ある一定の時期の経済史にかんする明瞭な概観は、けっして同時代的に得られない」ので、「唯物論的方法は、きわめてしばしば次の点に限定されざるをえない」とし、「政治闘争を、経済的発達から生じた現存の社会階級および階級分派間の利害の闘争に還元すること」と指摘している（古典選書『多数者革命』二四三ページ）。この両著作は、マルクスによるこの視点からの作品である。

両著作は、一八四八年の革命の先頭に立ったフランスの革命を総括したものである。四八年二月の民衆の蜂起によって、王制が倒れ、フランス革命で生み出され、ナポレオンのクーデターによって廃止された共和制が復活した。革命は、ドイツなどヨーロッパ各地に広がった。ところが四八年六月、失業と生活に苦しむ労働者が決起するが、ブルジョアジーの利益を優先する臨時政府の残忍な大弾圧によって、たたかいは敗北した。この「六月革命」は、ブルジョアジーとプロレタリアートの初めての本格的な階級闘争といえた。これを契機に、反革命の攻勢が本格化し、四八年一一月に共和制憲法が制定されるが、同年一二月の大統領選挙でナポレオンの甥のルイ・ボナパルトが勝利する。翌年五月の立法国民議会選挙でも、反共和主義の「秩序党」が多数を占め、普通選挙権を廃止してしまう。そのうえで、五一年一二月のクーデターで全権を握ったボナパルトは、五二年一二月に帝政を復活させ、皇帝になった。ボナパルトは、「秩序党」が投げ捨てた普通選挙権を復活させ、国民投票による圧倒的な国民の支持を背景に、帝政国家を樹立した。国民の、とくに農民や軍隊のなかにあった「ナポレオン信仰」が大きな影響をもたらしたのである。二月革命で復活した共和制がわずか四年一〇か月で倒され帝政国家が誕生した。こうした四八年革命の敗北と帝政国家の誕生をどう見るかが問われたのである。

『フランスにおける階級闘争』（『全集』第七巻）は、マルクスが雑誌『新ライン新聞　政治経済評論』に連載した論文（一九五〇年一月から同年一一月）を、マルクス死後、エンゲルスがまとめたものである（一八九五年）。四八年の二月革命から、同年の「六月革命」とその敗北、大統領選挙でのボナパルトの勝利、五〇年三月の普通選挙の廃止までを扱っている。帝政樹立は分析されていない。

『ルイ・ボナパルトのブリュメール一八日』（『全集』第八巻）は、ボナパルト帝政の樹立後に執筆され、フランス革命史を総括的にまとめている。筆者は若いときから、対象時期が違う両著の併読によって四八年革命の全体像の把握に努めてきた。

ところがこの間の不破哲三氏の研究（『革命論研究』上、新日本出版社）によって、単なる対象時期の問題でなく、革命過程の評価に違いがあることが指摘されている。『フランスにおける階級闘争』は、マルクスが雑誌『新ライン新聞　政治経済評論』に連載した三つの連続論文に、同誌最終号の二人の共同執筆の論説「評論」からフランス部分を結びとして取り入れている。重要なことは、この三連続論文（一〜三章）と「評論」（四章）の視点の重要な相違である。

その違いは、一八五〇年の半ば以降マルクスの情勢認識に大きな転換が起きたことに基づく。それは、革命運動が上げ潮にあるのではなく、反動的な局面に移行したというリアルな認識への転換であった。その転換以前の三連続論文と転換後の「評論」の視点の違いである。

『ルイ・ボナパルトのブリュメール一八日』は、この転換による新しい視点で、フランス革命史の総括として叙述され、なぜボナパルト帝政が樹立されたかを歴史過程の分析から解明している。ボナパルト帝政は、巨大な執行権力をもとに、フランス社会で最も多数を占める分割地農民の支持（ナポレオン信仰）を得て誕生したものであり、「ブルジョア的秩序」を守るブルジョア国家の一形態であることが明らかにされている。

3　革命観の転換と国際労働者協会の創設

⑪マルクス『経済学批判・序言』

『独仏年誌』に掲載された「ユダヤ人問題によせて」「ヘーゲル法哲学批判　序説」のなかで、ヘーゲル哲学を根本から批判的に見直し、ヘーゲルの社会観が現実の社会を「逆立ちさせて」とらえているという結論に到達する。それは、法律や国家に関わる問題は、それだけを見ていたのではわからないし、人間の精神の発達ということから説明できるものではない。法律や国家の土台にある「物質的な諸生活関係」を見る必要があり、この「物質的な諸生活関係」の全体が「市民社会」であるが、その「解剖」には経済学が必要ということがマルクスの「研究が到達した結果」であった。こうして経済学研究を本格的に推進し、これを土台に、ヘーゲルの法哲学と内在的に格闘し、一八四六年に未完の大著『ドイツ・イデオロギー』を執筆し、唯物論的な社会観＝唯物史観を構築した。

この唯物史観を「導きの糸」に本格的な経済学研究が始まった。マルクスの本格的な経済学研究の推移は、第二章の七三～七五ページを参照してほしい。マルクスは、一八五七年から『経済学批判』草稿の執筆に入り、五八年に『資本論』の最初の準備草稿である『五七～五八年草稿』を書き上げる。この草稿をもとに、一八五九年に『経済学批判』と『序言』を執筆し、刊行した。草稿を書き上げたときのマルクスの『経済学批判』の構想は、資本、土地所有、賃労働、国家、外国貿易、世界市場、という壮大なもので、第一分冊では「資本一般」の全体をおさめようとし、（1）商品、（2）貨幣または単純流通、（3）資本一般の三章構想が予定されていた。ところが執筆の中で、（1）と（2）が大幅に増え、第一分冊はそれだけになった。マルクスは続編の第二分冊を刊行するつもりで、草稿「六一～六三年草稿」の執筆を始めるが、途中でタイトルを『資本論』にかえ、一八六七年九月に刊行されることになる。したがって、『経済学批判』は第一分冊だけになった。『経済学批判』は一八五〇年代のマルクスの経済学研究の成果をまとめた最初の出版であり、『資本論』第一部の第一篇「商品と貨幣」により充実した内容で引き継がれている。『経済学批判・序言』（以下、『序言』）は、唯物史観の考え方を整理し、定式化している。『ドイツ・イデオロギー』と比べると、科学的社会主義の概念が明確になり、考え方がよりいっそう鮮明になっている。

①人間は、社会的生産において、人間の意思から独立した生産諸関係に入る。②この生産諸関係が社会の「実在的土台」であり、そのうえに、法律的、政治的な関係や「社会的諸意識形態」が上部構造としてそびえ立つ。③社会革命の時期は、既存の生産関係が社会の生産力発展の形態からその桎梏《しっこく》に一変する時に始まる。④変革の基礎は経済的な変化にあるが、社会革命の「決着をつける場」は上部構造におけるたたかいである。⑤変革は、次の時代を準備する物質的条件の成熟を必要とする。同時に、上部構造のたたかいで「決着をつける」主体的条件の成熟が重要になる。⑥人間の歴史は「経済的社会構成体の進歩していく諸時期」からなるが、ブルジョア社会は最後の敵対的社会である。この社会構成体をもって「人類社会の前史」は終わりを告げる。

「経済的社会構成体の進歩していく諸時期」は「大づかみに言って、アジア的、古代的、封建的、および近代ブルジョア的生産様式」と特徴づけている。アジア的に関してはいろいろ論争があるが、筆者は原始共同体の時代と理解している。

ここで注意することは、個々の民族や一社会、一国家がすべてこの通りに発展するというのではないということである。さまざまな歴史的諸条件によって、個々の民族や社会・国家の歴史が多様な発展をすることはいうまでもない。なかには奴隷制を経験しない、封建制を経験しない場合もある。大事なことはこうした段階的な変化・発展が歴史の大きな流れとして貫かれていることである（拙著『新版　社会発展史』学習の友社、参照）。複雑で激動的な今、『序言』は私たちに深い歴史的な確信を与えてくれる。

⑫マルクス『資本論』第一部

一八六六年初めから、六七年四月にかけて第一部の完成原稿が執筆され、六七年九月に刊行された。国際労働者協会（インタナショナル）の第二回大会（ローザンヌ大会）の直後であった。一八五七年に『経済学批判』の草稿執筆を開始してから一〇年後のことである。

第一部では、全体として資本のもうけがどこからくるのかを、生産過程に絞って明らかにしている。第一篇では、商品とはなにか、貨幣とはなにかが検討され、第二篇では、資本が等価交換の原則の下で、どのようにしてもうけを手に入れるかを分析する。そのカギは、自分の価値を超える新しい価値を生み出す性質を持つ労働力という商品の性格であった。この労働力の価値と新しい価値の量の差をマルクスは「剰余価値」と規定し、資本はこの「剰余価値」を対価の支払いなしに手に入れる。ここに資本のもうけの源泉があることを明らかにしたのである。三～五篇は資本が「剰余価値」をどのような方法、手段で手に入れるか、そのために資本がとるさまざまな行動の分析である。

完成された第一部の特徴は、変革の主体的条件ともいえる労働者階級のたたかいの必然性と階級的結集の諸条件の成熟がきわめて重視されていることにある。第三篇の「絶対的剰余価値の生産」では、労働日の章において、イギリスの労働者階級が長時間労働の押しつけに反対し、半世紀にわたるたたかいによって工場法をかちとる歴史を描いている。結論として、マルクスは「自分たちを悩ます蛇にたいする『防衛』のために、労働者たちは結集し、階級として一つの国法を、資本との自由意思による契約によって自分たちとその同族とを売って死と奴隷状態とにおとしいれることを彼らみずから阻止する強力な社会的バリケードを、奪取しなければならない」（『新版資本論』（以下、『新版』）第二分冊、五三二ページ）と述べている。さらに、第四篇「相対的剰余価値の生産」の機械と大工業の章で、「工場立法の一般化は……新しい社会の形成要素と古い社会の変革契機とを成熟させる」（『新版』第三分冊、八七七ページ）と述べ、工場立法による社会的規制の意義を社会変革との関連で説明している。

第七篇「資本の蓄積過程」の二四章「いわゆる本源的蓄積」の「資本主義的蓄積の歴史的傾向」で次のような「資本論」一部の全体的総括といえる叙述がある。

「貧困、抑圧、隷属、堕落、搾取の総量は増大するが、しかしまた、絶えず膨脹するところの、資本主義的生産過程そのものの機構によって訓練され結合され組織される労働者階級の反抗もまた増大する。資本独占は、それとともにまたそれのもとで開花したこの生産様式の桎梏となる。生産手段の集中と労働の社会化とは、それらの資本主義的な外被とは調和しえなくなる一点に到達する。この外被は粉砕される。資本主義的私的所有の弔鐘《ちょうしょう》が鳴る。収奪者が収奪される」(『新版』第四分冊、一三三一ページ)。

⑬マルクス『賃金、価格および利潤』

筆者は『資本論』以外のマルクスの経済学の入門書がないかと質問されると本書を推薦している。

本書は国際労働者協会(インタナショナル)の中央評議会でおこなった報告である。国際労働者協会は一八六四年に創設され、わずか八年間の活動であったが、ヨーロッパの労働運動を新しい段階に高めるうえで大きな役割を果たした。しかし、創設時の六〇年代は、労働運動がようやく高揚し始めるが、労働者の政党はドイツのラサール派の組織しかなく、労働組合は、ほとんどイギリスにあるだけであった。さらに、当時の社会主義者の間では「労働組合否定論」が優勢を占めていた。

こういうときに、国際労働者協会の中央評議会でイギリスの古参のオーエン主義者であるウェストンが賃金闘争と労働組合否定論を持ち出した。これを放置できないと、マルクスは一八六五年五月の集会で原稿なしの「即席」で反論し、さらに六月の中央評議会で原稿を用意して二回ほど報告した。この原稿が『賃金、価格および利潤』である。

ここで指摘したいのは、マルクスの『賃労働と資本』（一八四七年）との違いである。『賃労働と資本』はまだ剰余価値の発見以前の段階の講義記録であり、本書は剰余価値を発見し、『資本論』の完成に近い段階の報告であった。経済学研究の発展段階に根本的違いがある。

経済学の入門書として学ぶのであれば、本書の後半（第六章から第一四章）から読まれるとよい。そこでは、価値論や搾取論が本格的に展開されている。中央評議会には経済学の予備知識もない人たちが多数を占めているため、この人たちにわかるように、まず価値論そのものを丁寧に説明し、そのうえで賃金制度とは何か、そこで何が売買されているのか、剰余価値がどこから生まれてくるのかを明らかにし、価値通りに商品が売買されても利潤がなぜ得られるのかという秘密が解明される。

こうした理解を前提に資本家と労働者の闘争論が展開され、賃金闘争の意義や経済闘争の必然性が具体的に検討される。その中で、とくに労働時間の短縮の意義が強調され、「時間は人間の発達の場」であると今日につながる重要な指摘がなされている。豊かな視点から、労働組合運動の経済的基礎が明らかにされたのである。

⑭マルクス「労働組合。その過去、現在、未来」

科学的社会主義の立場から系統的に初めてまとめられた重要な労働組合論である。一八六六年九月にジュネーブで国際労働者協会第一回大会が開かれるが、大会前の七月の中央評議会で、大会で予定されている全項目の報告をマルクスがおこない、承認される。この報告が「個々の問題についての暫定中央評議会代議員への指示」であり、一一項目ある

「指示」の第六項目が「労働組合。その過去、現在、未来」であった。

　国際労働者協会の中央評議会で古参のオーエン主義者であったウェストンが賃金闘争と労働組合否定論を提起し、この問題をめぐる討論のなかで、マルクスの指導的な役割によって労働組合の必要性が体系的に明らかにされた。評議会の意思統一が進み、その成果がジュネーブ大会での「指示第六項」になり、国際労働者協会の決定になる。

「（イ）その過去」では、労働者と資本の契約をよりよいものにする「唯一の社会的な力は、その人数である」とし、この「人数の力は不団結によって挫《くじ》かれる。労働者の不団結は、労働者自身のあいだの避けられない競争に」あるとし、「この競争をなくすかすくなくとも制限」して、よりましな契約条件をたたかいとるために「自然発生的な試みから生まれた」と、労働組合の起源を説明する。だから、労働組合の当面の目的は、「日常の必要をみたすこと」にあると労働組合運動や経済闘争の必然性を説明している。

　さらに、労働組合は「労働者階級の組織化の中心」となってきており、「賃労働と資本支配との制度そのものを廃止するための」組織された力としては、さらにいっそう重要であると述べる。

「（ロ）その現在」では、現状の運動を分析する。

「（ハ）その未来」では、当面の目的とともに、「労働者階級の完全な解放」という課題を提起し、この「広大な目的のために、労働者階級の組織化の中心として意識的に行動することを学ばなければならない」とし、「労働組合の努力は狭い、利己的なものではけっしてなく、ふみにじられた幾百万の大衆の解放を目標とするもの」ということを「一般の世人に納得させなければならない」と結論づけている（以上、古典選書『インタナショナル』五七ページ）。

労働組合運動の原則的あり方を見事に提起し、その後の運動の発展に大きな影響を与えた。

4　科学的社会主義の発展と普及

⑮マルクス『フランスにおける内乱』

本著作は、パリ・コミューンが壊滅した直後、国際労働者協会が採択したマルクス執筆の「呼びかけ」であった（『全集』第一七巻）。ブルジョア政府の暴挙を告発し、コミューンの真実と歴史的意義を明らかにしている。

パリ・コミューンは、パリの市民が武装蜂起して樹立されたのではない。まったく逆で、一八七一年三月一八日、政府がパリの国民軍の武装解除をめざして、武力による「内乱」を開始したが、政府軍は撃退され、ティエール政府もパリから脱出して、国民軍が権力を掌握したのである。国民軍は、一七八九年のフランス革命以来、一般市民が職業に従事しながら、軍務に服する国の制度であった。

革命直後、男子普通選挙がおこなわれ、パリ市民や労働者によって選出されたコミューン議会が権力を掌握した。パリ・コミューンの誕生である。普通選挙で史上初の人民政権が誕生した。

五月に政府軍との悲惨な戦闘で壊滅するまでの二か月間、市民に選ばれた無名の集団が一六〇万都市のパリの管理を無難にやり遂げたのである。最後の戦闘で約三万の市民が虐殺されたという。こうした犠牲のうえに世界史に残る実験がなされた。

この文献の第三章で「労働者階級は、できあいの国家機構をそのまま掌握して、自分自身の目的のために行使することはできない」という問題提起がなされている。わずか二か月あまりの経験を分析して、コミューンの実験を説明している。具体的には、①常備軍を廃止し、武装した人民とおきかえる、②コミューンの市会議員は普通選挙で選ばれ、選挙人に責任を負い、即座に解任できる、③コミューンは議会ふうの機関でなく、執行し立法する行動的機関になる、④警察は中央政府の出先機関でなく、コミューンに直結する、⑤高級官僚などは労働者並みの賃金にする、などの改革であった。この改革は常備軍の廃止に見られるように国家機構のうち「純然たる抑圧的な機関」は取り除き、本来的に公共の利益に役に立つ諸機関はその任務にふさわしいようにつくりかえるというものであった。この経験から、マルクスは労働者階級が革命に勝利したとき、できあいの国家機構を「解体」するのではなく、「改造」するのだということを提起したのである。

⑯マルクス『ゴータ綱領批判』

今日の未来社会の展望を考察するときに、重要な意味を持つ古典の一つである。筆者は本書にもとづき、未来社会が「資本主義から生まれたばかりの共産主義の第一段階」と「共産主義社会のより高い段階」に区別され、その主な根拠は、生産物の分配方式にあると考えていた。第一段階では「能力に応じて働き」、「労働に応じてうけ」とり、より高い第二段階では「必要に応じてうけとる」という図式である。また、レーニンの『国家と革命』のなかで、この二段階発展論が定式化されていたことに大きな影響を受けていた。

ところが、日本共産党の第二三回大会（二〇〇四年一月）の綱領改定でそれまでの分配方式による二段階発展論が放棄され、生産手段の社会化を中心に未来社会を展望する方向が打ち出された。これは不破哲三氏（当時、中央委員会議長）のイニシアティブでおこなわれ、これまでの『ゴータ綱領批判』の読み方を覆す新見解が提起された。

マルクスは、当時のドイツの労働運動の二つの潮流（ラサール派のドイツ労働者協会と、マルクス、エンゲルスの影響を受けたドイツ社会民主労働党）の合同にあたり発表された綱領草案への詳細な評注を、党の幹部に「添え状」をつけて送りつけた。本書はラサール派の影響を受けた当時のドイツの党指導部への批判の文書である。

マルクスは、共産主義における分配方式の変化と発展を語っているが、それはあくまで有害なラサールの分配論を綱領に書き込むことを批判したのであり、分配方式で未来社会の発展を定式化することを意図したものではなかった。

その意味でも、これまで注目されてこなかった「注意書き」（古典選書の三一～三二ページ）が重要になる。そこでは、未来社会を「いわゆる分配……のことで大騒ぎしてそれに主たる力点をおくことは、およそ誤り」と明確に指摘している。

今日、未来社会を論ずるにあたって重要なことは、分配論的な視点を克服し、生産手段の社会化を軸に、人間の自由の拡大と人間の能力の全面的な発達を自己目的とする未来社会の特質を明らかにすることである。

本書を手がかりとしながら、未来社会論のいっそうの解明が今日的課題になっている。

⑰エンゲルス『反デューリング論』

筆者が学生時代に本書に挑戦したとき、その圧倒的なスケールの大きさにたじろぎ、読了を諦めたことが思い出される。本書は論争の書である。一八七〇年代にドイツの社会主義運動の「理論的指導者」として登場したデューリングを徹底的に批判している。

当時のドイツでは、マルクスの影響を受けたリープクネヒト等が中心となるドイツ社会民主労働党と科学的社会主義とは相いれない立場のラサール派の全ドイツ労働者協会が無原則的に合同し、ドイツ社会主義労働者党が生まれていた（一八七五年）。当然のことながら、党内部に改良主義や労資協調主義を抱え込み、科学的社会主義の理論的基盤は未成熟であった。そのなかで、デューリングの影響が浸透した。危機感を持ったリープクネヒトの強い要請に応えてデューリング批判をエンゲルスが執筆したのである。当時のエンゲルスは『自然の弁証法』の執筆とその準備におわれていたが、「すっぱいリンゴをかじる」決心をかため、その要請に応じたのである（古典選書・上巻、一二ページ）。

エンゲルスは、「この本で批判したデューリング氏の『体系』は、非常に広い理論的領域にわたっている。私は、仕方なく、どこへでも彼のあとを追いかけて、彼の諸見解に自分のを対置しなければならなかった。そのため、消極的批判は積極的〔主張〕になった。論戦は、一転して、マルクスと私とが主張する弁証法的方法と共産主義的世界観との多少ともつながりあった叙述にな」り、「しかもかなり広範な一系列の領域」にわたったと述べている（同一八ページ）。エンゲルスはマルクスと相談し、さらには第二篇「経済学」の一〇「『批判的歴史』から」は主にマルクスが執筆しており、本書はマルクスの積極的な協力のもとにできあがった仕事といえる。

本書は、序論のほか、第一篇・哲学、第二篇・経済学、第三篇・社会主義の全体として三篇二九章から構成される大著である。

なお、科学的社会主義の入門書といわれる『空想から科学へ』は、本書の序論の一、第三篇の一、二を抜き出し、加筆補強して出版したものである。本書は、マルクス、エンゲルスの科学的社会主義の「百科事典的概観」（一八八四年四月一一日付のベルンシュタインへの手紙）を示す貴重な仕事であった。

⑱エンゲルス『空想から科学へ』

私が本書に出会ったのは、大学生の頃である。社会変革に関心を持つようになるが、自分たちの活動にどのような意味があるかを悩んでいた。そのようなときに先輩から薦められたのが本書であった。世の中の理不尽さに対する正義感と怒りだけで活動していた自分に、社会の矛盾を基礎とする法則性をふまえた活動という確信を、本書の学習から与えられたことが懐かしく思い出される。

この本は、マルクスの次女ラウラの夫で、フランス労働党の幹部であったラファルグの要請により、フランスの労働者にわかるように執筆した社会主義の解説書である。一八八〇年に出版された。エンゲルスは、一八七八年に大作『反デューリング論』を出版していたが、その三つの章を組み合わせ、若干補筆してまとめている。大変好評で、やがて、ドイツでも出版され、各国でも出版されることになる。それまで、本書のように科学的社会主義の全体を体系的にまとめたものはなく、マルクスは「科学的社会主義への入門書」と評価している。

内容の特徴は、まず科学的社会主義に先立つ空想的社会主義の思想がどのようにして生まれ、どのような意義と限界を持っているかを明らかにしている。さらに、ドイツ古典哲学のヘーゲルを中心に、弁証法の発展を解明し、世界史的な思想史の歴史的過程を説明する。続いて、唯物論的で科学的な社会観、歴史観の成立と資本主義社会の搾取の秘密が剰余価値の発見によって暴露されたことが説明される。マルクスによる「唯物論的歴史観」と「剰余価値」の「二つの偉大な発見」によって、社会主義は科学になったとされる。

最後に、資本主義から社会主義への移行の必然性が論じられる。その鍵は、「社会的生産と資本主義的取得」の基本矛盾にあるとされる。この基本矛盾を解決することによって、生産が社会的に管理され、生産手段と生産力を社会が掌握する社会＝社会主義社会が可能になるという。階級対立がなくなり、国家も廃棄され、平等な社会の実現という壮大な展望が示される。

このエンゲルスの「基本矛盾」論に関しては、不破哲三氏が、マルクスの基本矛盾は剰余価値の拡大、利潤第一主義の推進にともなう矛盾にあるとし、批判的検討を提起している。

⑲エンゲルス『自然の弁証法』

本書は未完の書である。エンゲルスが『自然の弁証法』の研究を始めるのが一八七三年であるが、マルクスが亡くなる八三年に研究を諦めた。なぜなら、マルクスの遺稿である『資本論』第二巻、第三巻の編集、刊行に力を集中せざるを得なかったからである。第三巻を出版して、一年を経ずにエンゲルスも亡くなり、未完になった。

『自然の弁証法』として公刊されるのは一九二五年のことで、エンゲルスが亡くなって三〇年後のことである。一九七〇年代から始まる『新マルクス・エンゲルス全集』(「新メガ」)の事業の中で、『自然の弁証法』の手稿の綿密な研究がおこなわれた。この点を配慮した古典選書『自然の弁証法〈抄〉』(新日本出版社)が出版されている。

「序論」のなかで、自然科学の歴史と自然観の到達点が壮大に描かれている。「近世の自然研究」は大きく発展したが、「自然の絶対的不変性」という「独特な全体観」を形成した。自然は、「いつまでもかつてのままでありつづける」というものである。ところが、カントの太陽系生成論（一七五五年）を突破口に、その後の自然科学の飛躍的な発展と新しい発見を通じて「運動している物質の永遠の循環」という自然観に到達する。自然全体は「永遠の流れと循環とのなかで運動している」ことが立証される。エンゲルスはこの自然研究の諸成果に立ち入り、自然を歴史的にとらえる「自然過程の弁証法的性格」を追究する。

「弁証法」のなかで、「一般的な諸法則」として「三つの法則」が列挙されている。大事なことは、弁証法の一般的性質と「諸法則」を関連づけ、現実の中で具体的に見ることである。弁証法の一般的性質にとって重要なことは、ものごとを連関のなかで、運動と変化・発展のなかで考えることにある。「三つの法則」に関しては、エンゲルスは「だいたいにおいて三つの法則に帰着する」と述べているように、絶対化していない。「三つの法則」として、「量の質への急転またその逆」「対立物の相互浸透」「否定の否定」を挙げているが、この「三法則」をめぐってはいろいろ議論があり、図式化し、固定化してはならない。

本書は、弁証法を理解するうえできわめて重要な意味を持っている。

⑳エンゲルス『家族・私有財産・国家の起源』

マルクスが亡くなり、遺稿や蔵書を整理していたエンゲルスは、一八八四年一月にマルクスのノート「モーガン『古代社会』摘要」を発見した。アメリカの人類学者モーガンの『古代社会』（一八七七年）の内容に衝撃を受け、マルクスの研究成果をもとに、「遺言の執行」（第一版への「序文」）として執筆に入り、八四年一〇月に本書を刊行する。

『古代社会』では、北米先住民イロクォイ族との長い共同生活にもとづき、原始共同体社会が具体的に復元され、男女差別もない平等の関係にあることが描かれていた。衝撃を受けたマルクス、エンゲルスは、原始共産制の研究を本格化する。その成果がマルクスのノートとそれを受け継いだ本書であり、原始社会が、家族形態の歴史と氏族社会から国家の形成に至る過程の二側面から検討されている。

第一に、エンゲルスは、モーガンの研究成果を批判的に受け入れ、集団婚から対偶婚（緩やかな一対一の関係）への発展を描き、対偶婚家族の時期に、母権制の転覆という女性の世界史的な敗北が起きたことを指摘する。重要なことは原始社会が男女平等であったことにある。なお、モーガンによる集団婚の二つのタイプ、「血縁婚家族」と「プナルア婚家族」はその後の研究で存在が否定されている。

対偶婚家族に代わって「一夫一婦婚」が生まれる。牧畜や農耕の登場によって「新しい富」が登場し、この富が氏族の共有財産から家族の私有財産にかわり、財産を男の子どもに確実に引き継がせるために、母権制から父権制への大変革が生じた。こうして出現した古代の「一夫一婦婚」は、男性の財産を自分の子に相続させることを唯一の目的とする「打算婚」である。

第二に、モーガンの研究にもとづき、階級も国家も存在しない氏族社会の存在が明らかにされる。氏族社会は特別の権力が存在しない社会的自治の方式にもとづく自由で民主的な平等の関係にあった。国家の成立は、この氏族社会の解体・変質によって可能になる。

本書は人類社会の出発である原始共産制を唯物史観の立場から解明し、現代社会において絶対化されていた家族形態、私有財産、国家の固定観念を打ち破り、未来社会の展望を明らかにした画期的な労作である。

㉑エンゲルス『フォイエルバッハ論』

本書は、科学的社会主義の世界観、歴史観の全体像を本格的に系統的に解明している。筆者は、史的唯物論の立場から現代史研究を専攻しているが、歴史の進歩とは何かを再確認する場合に、「世界はできあがっている諸事物の複合体としてではなく、諸過程の複合体」としてとらえ、「あらゆる一時的な後退が生じても、結局は、一つの前進的発展がつらぬかれている」という本書の指摘（第四章）が筆者の原点になっている。

本書は四章構成であるが、第一章～三章が科学的社会主義の前提条件の説明であり、第四章で科学的社会主義の世界観、歴史観が本格的に論じられている。

第一章では、マルクス、エンゲルスとドイツ古典哲学との関係、とりわけ、ヘーゲル哲学の果たした役割の説明である。第二章では、「思考と存在」「自然にたいする精神」の関係という哲学の根本問題が論じられている。

そのうえで、エンゲルスはフォイエルバッハがヘーゲル主義から唯物論へ前進しながら、途中で止まってしまったのは、一八世紀の唯物論や一九世紀半ばの俗流化したドイツの唯物論などの特殊の形態を唯物論一般と誤解したことにあると指摘する。興味深いのは、こうしたフォイエルバッハの誤りの背景に、自然科学の決定的な発見（細胞の発見、エネルギー転化の法則、進化論の発見）の意味を理解できなかったこと、さらに、人間社会の見方で、「伝来の観念論の束縛のうちにとどま」っていたことがあったという指摘である。

第四章では、科学的社会主義の世界観が本格的に論じられる。第一に、唯物論の立場に返るとは、現実の世界（自然及び歴史）を空想的な関連でなく、「それ自体の関連において」とらえる決心をすることであり、唯物論は、「これ以上のことをなにも意味しない」と指摘する。第二に、唯物論とヘーゲルの革命的弁証法の結合によって、唯物論的弁証法が確立されたことを論じる。第三に、「歴史の本来の最終的な推進力をなしている動力」が「人間の大きな集団、民族全体」、この「民族のうちでの諸階級全体を動かす動機」であり、それも一時的ではなく、「持続的行動にみちびくような動機」にあることの解明である。

本書は科学的社会主義の世界観、歴史観の真髄《しんずい》を説き明かしている。

㉒エンゲルス「マルクス『フランスにおける階級闘争』一八九五年版への序文」

この「序文」は一八九五年四月に発表され、エンゲルスが同年八月五日に亡くなっているので、死の直前に執筆した政治的遺言ともいえる。「序文」の魅力は、エンゲルスがマルクスと共有する多数者革命論の形成を自分たちの誤りを含む歴史的総括のなかで明らかにしていることにある。

エンゲルスは、一八四八年革命時には自分たちを含めすべての人が一七八九年のフランス革命の経験にとらわれていたと振り返る。それは、革命が政党などによって事前に組織・準備されるのではなく、何かをきっかけに民衆が自然発生的に立ち上がり、革命の進行のなかで鍛えられ、革命の主体が形成され、革命がおこなわれるというものであった。民衆が参加しても、結局、少数の支配者に奉仕するにすぎないのであり、その「革命の共通の形式は、みな少数者の革命」であった（古典選書、エンゲルス『多数者革命』二四八ページ）。

さらに、当時の二人の革命観の特徴は、経済的恐慌と革命を直接的に結びつけて考えていたことにあった。四八年革命が敗北しても、一時的後退に過ぎず、イギリスの恐慌がヨーロッパ経済の矛盾を激しくし、たたかいが再び高揚すると確信していた。しかし、一八五七年に恐慌が訪れたが、革命は起こらなかった。二人は、革命観、資本主義観の根本的再検討を余儀なくされる。

こうしてエンゲルスは、四八年革命以後の六〇年代から八〇年代にかけての労働運動・階級闘争の歴史、そこにおけるドイツの労働者党を先頭とする普通選挙や議会闘争、多数者を結集させるたたかいの経験を総括し、それまでの少数者革命から多数者革命への転換を明らかにした。

エンゲルスは、「奇襲の時代、無自覚な大衆の先頭に立った自覚した少数者が遂行した革命の時代は過ぎ去った」と述べ、これからの革命は、「大衆自身がそれに参加し、彼ら自身が、なにが問題になっているか、なんのために彼らは〈肉体と生命をささげて〉行動するのかを、すでに理解していなければならない」と指摘し、多数者革命の課題を明らかにした（前掲書二六一ページ）。今日の社会変革はこの歴史的結論を出発点としている。

山田敬男（やまだ・たかお）
1945年生まれ
現代史家・労働者教育協会会長。主な著作は次の通り。
『日本近現代史を読む』（共著、新日本出版社）
『新版 戦後日本史―時代をラディカルにとらえる』
『社会運動再生への挑戦―歴史的せめぎあいの時代を生きる』
『戦後日本　労働組合運動の歩み』
『21世紀のいま、マルクスをどう学ぶか』（共編著）
『エンゲルスから学ぶ科学的社会主義』（共編著）
『新版 社会発展史―現在と未来をみとおす確信を』
（以上、学習の友社）
『戦後社会運動史論―1950年代を中心に』（共編著）
『戦後社会運動史論２―高度成長期を中心に』（共編著）
『戦後社会運動史論３―軍事大国化と新自由主義時代の社会運動』
（共編著。以上、大月書店）

初《はじ》めてのマルクス、エンゲルス――社会《しゃかい》と生《い》き方《かた》にせまる古典《こてん》

2025年3月30日　初　版

著　者　山　田　敬　男
発行者　角　田　真　己

郵便番号　151-0051　東京都渋谷区千駄ヶ谷4-25-6
発行所　株式会社　新日本出版社
電話　03（3423）8402（営業）
03（3423）9323（編集）
info@shinnihon-net.co.jp
www.shinnihon-net.co.jp
振替番号　00130-0-13681

印刷　亨有堂印刷所　　製本　小泉製本

落丁・乱丁がありましたらおとりかえいたします。

ISBN978-4-406-06871-0 C0030　Printed in Japan